老板财务利润管控

胡梦霞 ◎ 著

中国纺织出版社有限公司

内 容 提 要

本书围绕老板关心的财务利润管控展开阐述，从企业发展的战略角度对公司财务进行了全面介绍。全书共十章，从企业财务战略规划、看懂财务报表、如何做财务分析，到企业的税务筹划、现金管理、预算管理、成本管理，再到利润管理、融资管理和投资管理，基本涵盖了企业老板财务利润管控的全部内容。本书旨在帮助企业老板弥补财税知识方面的短板，帮助其解决常见的财务难题，增强其对企业财务利润的管控能力，并最终达到降低企业财税风险，保证企业财富安全，提升企业利润的目标。

图书在版编目（CIP）数据

老板财务利润管控 / 胡梦霞著. -- 北京：中国纺织出版社有限公司，2021.1（2025.3重印）

ISBN 978-7-5180-4318-7

Ⅰ.①老… Ⅱ.①胡… Ⅲ.①企业管理－财务管理－基本知识②企业利润－基本知识 Ⅳ.①F275

中国版本图书馆CIP数据核字（2020）第262756号

策划编辑：史 岩　　责任编辑：于磊岚
责任校对：王蕙莹　　责任印制：储志伟

中国纺织出版社有限公司出版发行
地址：北京市朝阳区百子湾东里A407号楼　邮政编码：100124
销售电话：010—67004422　传真：010—87155801
http://www.c-textilep.com
中国纺织出版社天猫旗舰店
官方微博 http://weibo.com/2119887771
武汉图物印刷有限公司印刷　各地新华书店经销
2021年1月第1版　2025年3月第36次印刷
开本：880×1230　1/32　印张：7
字数：157千字　定价：98.00元

凡购本书，如有缺页、倒页、脱页，由本社图书营销中心调换

前言
PREFACE

　　一看财务报表就头大，云里雾里搞不懂要看啥、怎么看；不懂财务，对于怎样搭建财务组织、如何管理财务人员一窍不通；不熟悉财务分析，无法精准了解企业经营管理情况，只能凭感觉管理；企业财务预算做了和没做一个样，不知道问题究竟出在哪里；时不时遭遇现金流危机，不清楚怎样提高企业资金周转率；想降低企业成本，却苦于没有管用的实际方法；想合理合法节税避税，却不知道从何处入手；关于企业的投资选择与融资选择，心里没底难以抉择……

　　身为企业老板，你是否时常被这些问题困扰？实际上企业管理中的一半问题都属于财务问题，一个不懂企业财务的老板，就像手中没有方向盘的司机，是难以让企业朝着自己预定的方向不断前进的。

　　改革开放以来，中国企业迎来了历史上最好的发展时期，一大批企业如雨后春笋般成长起来，尤其是民营企业更为活跃。近年来，互联网点燃的创业热潮席卷全国各地，随之而来的是企业数量的快速增长。工业和信息化部统计数据显示：截至 2018 年年底，中国中小企业的数量超过了 3000 万家。以 2019 年前 10 个月为例，中国日均新登记注册企业达 1.97 万户，由此也不难看出企业老板的群体正在不断发展壮大。

在日渐庞大的老板群体中，绝大多数老板都不是财务专业出身，也没有接受过系统、专业的企业财税方面的教育或培训，表面看起来没有什么关系，但实际上却给老板们加强企业管理、提升企业利润、降低企业经营风险等工作造成了严重阻碍。

要想把企业管理好、发展好，不懂企业财务利润管控是不行的，《老板财务利润管控》一书旨在帮助企业老板弥补财税知识方面的短板、帮助其解决常见的财务难题、增强其对企业财务利润的管控能力，并最终达到降低企业财税风险、保证企业财富安全、提升企业利润的目标。

本书实用性强，语言平实易懂，讲解通俗接地气，内容丰富翔实，从企业财务战略规划、看懂财务报表、如何做财务分析，到企业的税务筹划、现金管理、预算管理、成本管理，再到利润管理、融资管理和投资管理，涵盖了企业老板财务利润管控的方方面面，希望能够对广大企业老板有所助益。

胡梦霞
2020 年 11 月

目录 CONTENTS

第一章 财务战略：放眼未来，做好财务战略规划

第一节 企业为什么需要财务战略 / 2

第二节 如何搭建更合理的财务组织 / 5

第三节 制定与企业发展相适应的财务目标 / 8

第四节 老板必须要懂股权架构 / 11

第五节 教你轻松梳理企业股权架构 / 14

第六节 做好财务规划，加强财务规范化管理 / 17

第七节 学会将财务信息转化成管理工具 / 20

第二章 财务报表：会看财务报表才能更好经营

第一节 老板为什么要看财务报表 / 26

第二节 资产负债表：了解经营状况 / 30

第三节 利润表：清楚企业的利润情况 / 35

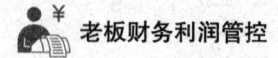

第四节　现金流量表：观察企业生命力 / 39

第五节　如何准确识别欺诈性报表 / 42

第三章　财务分析：精准把脉企业经营管理状况

第一节　企业获利能力分析 / 46

第二节　企业偿债能力分析 / 49

第三节　企业发展能力分析 / 52

第四节　企业运营能力分析 / 55

第五节　企业利润表分析 / 59

第六节　企业现金流量表分析 / 62

第七节　企业资产负债表分析 / 65

第八节　运用财务管理手段发现企业盈亏平衡点 / 68

第四章　税务筹划：合理合法避税就这几招

第一节　"十九大"个税和社保改革如何应对 / 72

第二节　如何保障企业财税安全 / 74

第三节　如何降低企业赋税、提升利润 / 77

第四节　企业分红个税如何降低 / 79

第五节　无票收入、支出如何解决 / 81

第六节　合理合法节税避税 / 84

第七节　税务风险管控与稽查应对策略 / 87

第五章　现金管理：有效提高现金流周转率

第一节　现金流是企业的血液 / 92

第二节　企业现金循环路径与周期 / 95

第三节　现金管理是经营管理的核心 / 98

第四节　常见的资金链断裂原因 / 102

第五节　务必重视资金的时间价值 / 105

第六节　教你预测未来的现金流 / 108

第六章　预算管理：全面预算管理，充分使用资金

第一节　企业为什么要编制财务预算 / 114

第二节　预算管理是成本管理的基础 / 116

第三节　预算管理的分类与原则 / 119

第四节　编制财务预算的方法 / 122

第五节　预算的执行、控制、调整与考核 / 124

第六节　这样制定预算才不会务虚 / 128

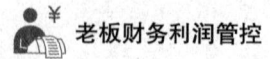

第七章 成本管理：控制成本就等于增加利润

第一节 控制成本就是在增加利润 / 132

第二节 采购是成本控制的源头 / 135

第三节 生产是控制成本的重点环节 / 138

第四节 别让管理费成为企业负担 / 141

第五节 教你有效降低人力成本 / 144

第六节 全面成本控制，节流不难 / 147

第八章 利润管理：为企业持续经营提供动力

第一节 目标利润的规划与控制 / 152

第二节 企业利润分配的原则 / 155

第三节 经营利润与现金利润 / 158

第四节 应收账款与利润的关系 / 160

第五节 应付账款周期与利润 / 163

第六节 库存与利润的平衡之道 / 165

第九章 融资管理：怎样做好企业筹资、融资工作

第一节　企业筹资、融资的主要方式 / 170

第二节　预测企业资金的需求量 / 174

第三节　怎样把握好融资的最佳时机 / 177

第四节　融资时如何"包装财务" / 180

第五节　了解"财务对赌"的利与弊 / 184

第六节　融资过程中的财务管理 / 187

第十章 投资管理：让企业资产实现不断升值

第一节　老板会经营，还要会投资 / 192

第二节　常见的企业投资方向 / 195

第三节　企业投资需要注意哪些问题 / 198

第四节　投资胜败要看投资回报率 / 202

第五节　现金流与企业投资的平衡之道 / 205

第六节　企业投资的机遇与风险 / 208

第一章

财务战略：
放眼未来，做好财务战略规划

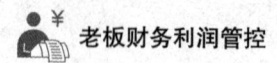

第一节　企业为什么需要财务战略

现代企业财务面临的管理环境呈现出多元化、动态化、复杂化的典型特征，在这样的大背景下，仅依靠财务管理的具体方法和手段是远远不够的，还需要吸收战略管理的原理与方法，从适应环境、利用条件的角度出发，充分重视财务的长远问题，这就需要制定相应的财务战略。尤其是中小企业，由于资源相对缺乏，要想让有限的资源通过合理配置发挥出最大的效用，就必须制定合适的财务战略。

那么，何谓财务战略呢？具体来说，财务战略是指为谋求企业整体战略的实现和企业资金均衡有效的流动，为增强企业财务竞争优势，在分析企业内外环境因素对资金流动影响的基础上，对企业资金流动进行长期性、全局性、创造性的谋划，并确保其执行的过程。

尽管财务战略从属于企业战略，但也具有一定的独立性。财务战略以确保企业效益能持续均衡、有效地增长为目标，最终目的是实现企业总体战略。关注的焦点是财务资金流动，并且注重财务效益受外部经营环境的影响，更少地考虑经营管理能力问题。

进入21世纪以来，企业的经营环境发生了翻天覆地的变化，实行有效的财务战略已经成为现代企业繁荣发展的重要问题之一。

随着市场竞争的加剧，如今越来越多的企业参与了多元化经营。从大型集团涉及十几个甚至几十个行业，到中小企业承接多元化的各色业务，在多元化经营的业务环境中，企业的优质资源是有限的，但所面对的"选择"却有多个选项，实际上，面对诸多的可选项时，企业选择不做什么，远远比选择做什么更难。不走专业化路子的企业，注定是没有发展的，越是拥有多元化业务的企业，越需要做好企业财务战略规划，一个合适的财务战略，可以使行业和细分市场选择的有效性增强，从而有力提升企业的竞争力。

俗话说"好钢要用在刀刃上"，财务战略所起到的作用，便是帮助企业把最优势的资源在恰当的时机集中到最合适的业务上，从而让有限的优质资源迸发出无限的能量。企业财务战略的总体目标是合理调集、配置和利用资源，谋求企业资金均衡、有效地流动，构建企业核心竞争力，最终实现企业价值最大化。总体上来说，财务战略遵循企业战略"有所为，有所不为"的宗旨，只是财务战略更为具体地用指标和评价标准来评价到底哪些可为，哪些不可为，从而为企业战略落地更具有操作性。

那么，财务战略都包括哪些内容呢？一般来说，财务战略由投资战略、融资战略、财务管理三部分构成。投资战略，顾名思义，就是指企业的投资方向、投资优先方向以及其他相关多元化领域中的投资规划、策略；融资战略，即企业关于募集所需资金的整体战略规划，包括融资方式及各方式融资所占比例等；财务管理，简单来说就是企业采用什么样的财务管理方式，是要精打细算式的聪明财务，还是尽力降低风险的稳健财务，抑或是站在企业发展全局高度的战略财务，战略财务能够为企业战略决策提供判断依据。

那么，对于企业来说，怎样才能制定出适合自身发展的最优财务战略？

（1）要根据经济周期来选择财务战略。与经济周期相适应的财务战略，能够有效抵御经济周期性波动给企业带来的震荡，尽可能减少外部经济环境对企业财务的影响，抑制财务活动的负效应。

简单来说，就是经济复苏阶段应采取扩张型财务战略，经济繁荣期应将快速扩张型财务战略和稳健型财务战略相结合，经济衰退阶段则采取防御收缩型财务战略。

（2）要根据企业发展阶段来选择财务战略。每个企业都会经历初创期、扩展期、稳定期和衰退期四个发展阶段，在企业的不同发展阶段，应选择与其所处阶段相适应的财务战略。比如，初创期和扩张期应采取扩张型财务战略，稳定期宜采用稳健型财务战略，到了衰退期则一般采用防御收缩型财务战略。

总体来说，处于不同生命周期阶段的企业，具有不同的价值驱动因素，面临的财务风险也不尽相同，因此需要采用不同类型的财务战略，只有这样，才能给予公司价值创造活动以最合适、最有支持的财务支持。

第二节 如何搭建更合理的财务组织

企业财务战略不能只停留在规章制度上,要想让财务战略真正发挥作用,就一定要将其落到实处。如何落实?需依靠企业的财务组织,这就需要搭建与企业财务战略相匹配的财务组织。

可以说任何一个公司都有财务组织,大型企业有专门的财务团队,从出纳、会计到审计,一应俱全,中小型企业也有专业的全职财务工作人员,不少小微企业虽然并没有聘请专业的财务工作人员,但也有财务方面的工作,只是由于财务类工作不多,故多选择了外包给财务代理公司等。

不管企业的规模大小,合理的财务组织都能够大大提升企业财务管理的效率,助力企业财务战略和整体发展战略的实现。那么,对于企业老板来说,在确立了财务战略之后,怎样才能搭建出更合理的财务组织呢?

绝大多数企业老板并不是财务出身的专业人士,财务组织的具体搭建工作,老板也不需要事必躬亲,总体来说,在搭建或调整财务组织的过程中,老板需要做好以下四方面的工作。

1. 传达企业战略

财务战略是企业战略的一部分,财务组织的工作目标是让财务战略落地。也就是说，企业的财务负责人必须要了解企业的整个发展战略，才能深刻领会企业财务战略的意图，进而根据既定的财务战略，搭建出与之相适应的最佳财务组织。企业老板需要详细、认真、系统地向企业财务工作人员传达公司的整体发展战略，让所有财务人员对企业未来的发展做到心中有数，让专业的人做专业的事，当财务人员深刻领会了企业的发展战略和财务战略后，关于财务组织的构建自然而然能提出很多有建设性的专业化意见。

2. 传达企业的组织架构

财务工作是一项非常细致的工作，其核算往往要具体到企业的每一个业务单元，涉及企业的每一个部门。要想让企业的财务井井有条，那么就必须要按照公司的组织架构设置财务模块，很显然设置财务模块不能闭门造车，必须要详细了解整个公司的组织架构，清楚企业各个组织之间的相互关系等。企业老板可以通过会议、报告、通知等多种多样的形式，向企业的财务工作人员传达企业的组织架构信息，当企业的组织架构有相应调整、人员有相应变化时，都要快速、及时地传达给财务人员，只有这样，财务人员才能根据企业组织架构的动态变化，随时调整财务组织的结构以及工作流程等。

3. 要与财务工作人员充分沟通

老板不必事必躬亲，但在企业的财务工作上也不能做"甩手掌柜"。财务部门的一项最重要工作就是输出各种财务报表以及财务分析，很显然，企业老板是这些报表、分析的最重要使用者。实际上，企业老板关于财务方面的很多困惑都可以通过与财务工作人员的充分沟通来解决。老板与财务工作人员沟通不够，往往会导致财务人员对老板的财务需求不清楚、不明白，进而导致财务信息方面的供求错位。让财务工作人员充分了解老板对财务工作的需求，对于搭建合理的财务组织、制定最优的财务工作流程是非常重要的。

4. 关注财务团队的永续发展

在现代企业当中，人员流动是一种非常正常的现象。创建财务团队不难，只要招聘到认同企业文化、与企业内部组织架构相匹配、有过硬财务专业知识和丰富经验的员工即可。搭建合理的财务梯队需要将企业的财务工作拆分成一个个简单的"模块"，让每一个财务人员都成为财务组织中的一个"模块"，即使有人离职也不会影响整个财务工作的运转。

以上这两部分工作，老板都可以交由人力资源、财务主管等专业人士去做，而老板需要重点关注的是财务团队的永续发展。一是人才培养，使整个财务团队形成骨干+储备干部+老人+新人的良性结构，避免财务人员出现断层。二是向财务工作人员传递公司的愿景、使命、价值观和未来发展规划，增加其对公司的认同感、归属感、忠诚度，激发其工作的主动性、积极性。三是与人力资源部一起为财务团队打造充分的发展空间，为其提供合适的职业生涯规划，让每一个财务组织的成员都有晋升空间，老板可以通过"压担子"等方式，多给财务人员自我挑战的机会，使他们能够在工作当中拥有成就感，进而实现人生价值。

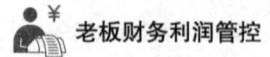

第三节 制定与企业发展相适应的财务目标

凡事预则立，不预则废，企业财务工作也是如此，要想让企业财务战略落到实处，企业的财务组织需要发挥更大效用，就一定要制定与企业发展相适应的财务目标。所谓财务目标，就是指企业财务活动在一定环境和条件下应达到的根本目的。

财务目标是财务行为的依据、财务决策的准绳，身为企业老板，一定要深刻认识到制定财务目标的重要性。总体来说，财务目标决定着财务管理的基本方向，是评价企业财务活动是否合理的标准。明确企业的财务目标，对于加强企业管理、提高企业经济效益，具有极其重要的意义。

企业财务目标的类型主要有：利润最大化、每股收益最大化、股东权益最大化、股东财富最大化、企业价值最大化。尽管企业财务目标的类型多种多样，但总体来说，企业价值最大化目标能够在企业价值增长中满足各方利益关系，旨在把企业整个经营成果价值最大化，可以实现各方利益最优化，且更符合我国国情和现代企业管理制度。追求企业价值最大化是当前国内企业财务目标的主流类型。

企业财务目标并不是一个单一的工程，而是一个多层次的系统工程。比如按照目标的大小，财务目标可以划分为：财务最终目标、财务分部目标、财务具体目标；按照目标的时效，可以划分为：长期财务目标、中期财务目标、短期财务目标；按照目标的范围，可以划分为：集团财务目标、分公司财务目标、具体部门财务目标；涉及海外业务的企业，还可以将财务目标划分为国内财务目标、海外财务目标；等等。这就要求老板在制定财务目标时，要有立体化思维，能够从多维度确定财务目标，只有这样，才能让企业财务工作的方向更加明确。

需要注意的是，企业财务目标的制定并不是一件老板说了就算的事，除了企业的所有者，比如老板、股东等会影响企业财务目标的选择，企业债权人、企业经营者、企业员工、政府、客户等都会对企业财务目标的制定产生影响，也就是说，老板主导制定企业的财务目标时，必须要充分考虑到这些因素。

在市场经济竞争越来越激烈的今天，企业债权人为按时收回本金和利息，对企业的偿债能力要求越来越高，对企业财务管理的介入程度也在不断加深，不考虑债权人需求的财务目标显然是存在巨大缺陷的。企业经营者直接参与重大财务事项决策，员工获得相应劳动报酬，大客户、供应商为企业提供"市场资本"，漠视任何一方的利益都会导致企业经营活动非正常化。政府是法律、政策的制定者，如何合法合规经营，有效合理避税是企业经营必须面对和解决的问题，因此制定企业的财务目标必须把政府方面的因素考虑在内。

对于现代企业来说，要想制定出与企业发展相适应的财务目标，需要做到以下四点：

（1）财务目标必须将经济目标与社会目标相统一。经济目标即追求企业经济效益最大化，没有经济效益，企业无法存在，追求经济效益最大化是企业的生存本能；社会目标，简单来说就是企业也要承担相应的社会责任，任何一家企业都不是孤立存在的，都处于各种社会关系中，倘若拒绝承担社会责任，则不仅难以得到社会的支持，还会陷入孤立无援，承受来自社会的惩罚。因此，企业财务目标既要突出经济性，又必须有助于企业主动履行社会责任，做到社会效益与经济效益同步化。

（2）财务目标必须将战略目标与战术目标有机结合。战略目标追求企业长期稳定发展，注重企业长远利益；战术目标关注既得利益的增长，强调企业短期利益。在制定企业财务目标时，要在确保长远利益基础上最大限度地获取短期利益，做到两者兼顾。

（3）财务目标必须将所有者利益与其他主体利益充分兼顾。与企业存在利益关系的组织和自然人并不是唯一的，这就要求老板在制定企业财务目标时，一定要兼顾各利益主体间的关系，只有这样才能获得各利益主体的信任与支持，从而让企业财务工作保持动态平衡。

（4）企业财务目标的制定需要综合考虑企业自身的实际情况、所处的发展阶段、未来的经济大环境、企业财务战略内容、企业现有财务组织等，只有这样才能使制定出来的财务目标更有针对性，更适应企业发展的节奏和步伐。

第四节　老板必须要懂股权架构

任正非只有 2% 的股权，却牢牢掌握着 3000 亿的华为；柳传志的股权只有 0.28%，但依然能够指挥着联想这样一个巨无霸；刘强东依靠 16.2% 股权掌握着京东 80% 的话语权……懂股权的老板们正在用"四两拨千斤"的技巧，在充分保证自身权益的基础上，为企业的发展注入新的强大活力。

对于企业来说，今天是一个股权为王的时代。不懂股权的老板，正在用血淋淋的巨大损失来交学费。1 号店创始人于刚、刘峻岭，其创始团队最初持有 100% 股权，后股份比例从 100% 变为 20%，又下降到 11.8%，最后不得不离开；空空狐创始人余小丹，短短 20 天时间，所持有的股权从 90% 下降到 10%，公司与她再无关系；万科遭野蛮人入侵，王石权力被架空，险些出局……

无数企业创始人、老板、合伙人都在股权架构上吃过亏，轻则上市受阻，重则损失上千万，甚至从自己一手创办的企业中净身出局。市场经济正在考验着不懂股权的老板，如果不想掉进股权的"陷阱"里，就必须要懂股权架构。

从本质上来说，公司治理结构是股权架构的具体运行形式，而股权架构是公司治理结构的基础。股权架构不同，企业组织结构也必然会有差异，进而导致了不同的企业治理结构，最终会影响企业的行为和绩效。也就是说，股权架构对企业的行为和绩效会造成间接影响，股权架构不合理，很可能会导致企业绩效的下滑。

要想给企业设计出一个合理的股权架构，我们首先要知道设计股权架构的目的是什么？股权架构，本质上是为了帮助企业的发展，方便企业融资，尤其是对于创业型企业或中小企业来说，股权架构显得非常重要，股权架构可以明确合伙人的权、责、利，是企业进入资本市场的必要条件。对于企业老板来说，股权架构还是影响公司控制权的一大因素。

常见的股权架构主要有以下三种类型。

1. 一元股权架构

一元股权架构是指股权比例、表决权（投票权）、分红权均一体化，直接按出资比例分割股权、分享股权决策权及分红权，这是最简单、较传统的股权架构类型。这种股权分配方案十分简单，但也存在一定弊端，由于股东之间的股权比例根据出资确定，因此对于企业创始人来说，所掌握的企业控制权缺乏自主性和灵活性，可能会出现企业因融资或资方恶意争夺企业控制权而丧失对企业的控制。

2. 二元股权架构

二元股权架构是指在股权比例、表决权（投票权）、分红权之间做出不等比例的安排，是一种通过分离现金流和控制权而对公司实行有效控制的手段。不同于一元股权架构，在二元股权架构中，股份被划分为高投票权和低投票权。高投票权的股份拥有更多的决策权。目前，这种股权架构类型在国外非常普遍，它比一元股权架构更灵活，能帮助创始人和大股东在公司上市后仍保持对公司的控制权。

我国《公司法》第四十二条规定："股东会会议由股东按照出资比例行使表决权；但是，公司章程另有规定的除外。"尽管我国上市企业不允许采用这种二元股权架构，但实际上《公司法》为股东通过公司章程设定二元股权架构安排预留了空间。

3. 多元股权架构

这种股权架构类型，是将公司的股东分为多个类型，创始人、合伙人、员工、投资人、资源股东等，然后针对他们的股份进行整体性安排，以实现促进投资者进入、维护创始人控制权、凝聚合伙人、让员工共享公司发展成果等目标。

总体来说，多元股权架构有利于企业整体的快速发展，符合企业治理需求，而并非追求个别股东利益最大化。企业股权划分需要考虑企业各类主体间的利益关系，以及各类主体对企业本身的贡献等多方因素。

对于企业的发展来说，合理的股权架构可以发挥出巨大的价值：一是可以明晰股东之间的权责利，能够通过科学体现各股东之间对企业的贡献、利益和权利而充分调动各股东的积极性；二是合理、稳定的股权结构和恰当的退出机制，可以维护企业和项目的稳定；三是在引入投资稀释股权时，能确保创始人和创业团队对企业的控制权；四是有利于企业顺利上市，走向资本市场；五是可以有效避免出现企业股权僵局或股权争议等。

企业股权的设计往往并不是一蹴而就的，而是一个在企业发展中不断完善的过程。作为老板，我们要清楚股权的力量，股权架构可以解决的并不仅仅是分割股权比例的问题，还可以凝聚更广泛的企业生存、发展所需要对接的资源，比如技术入股、高管股权激励、全体员工持股等，运用好企业股权可以让企业的发展如虎添翼。

第五节　教你轻松梳理企业股权架构

要想梳理企业的股权架构，首先应该学会怎样评估企业的股权架构是否合理，一般来说，可以通过以下四个指标来判断企业的股权架构是否合理，是否有必要进行梳理、调整。

1. 股权结构是否简单明晰

这里所说的"简单明晰"是指股东数量和股比、代持人、期权池等清晰、明确地权责划分，可以更好地促进企业发展，反之则会给企业造成拖累甚至是灭顶之灾，因此，判断企业的股权架构是否合理，一定要仔细认真地了解其是否细致、全面、明确，有无存在冲突之处或真空地带等。

2. 是否只存在一个核心股东

在企业经营中，倘若同时有多个核心股东，一旦股东之间出现意见不统一时，企业的经营就容易陷入"迷茫"之中，不知道具体应该听哪个股东的，反而会贻误最佳机会。在市场经济中，商机往往一瞬即逝，多个核心股东造成的负面影响很可能是致命的。

3. 股东资源是否互补

最合理的股权架构是股东在资源上能够形成恰到好处的互补关系，比如 A 股东出钱、B 股东出技术、C 股东出办公场地等，如此一来所有股东都会形成"我少不了你，你也少不了我"的相互帮衬关系，力往一处使，自然可以达到 1+1>2 的效果。倘若股东资源不互补，而是功能职责太类似或太接近，那么不仅难以形成合力，还会导致股东间的冲突和纠纷。也就是说，倘若股东资源不互补，则说明企业的股权架构不合理，需要及时作出梳理和调整。

4. 股东之间是否相互信任、通力合作

在合理的股权架构下，企业股东之间应当是各负其责，各干各的活，互相不干涉，都能独当一面，同时彼此之间相互信任，通力合作。倘若股东之间缺乏信任，你防着我，我防着你，那么企业的股权架构肯定有问题，这时就需要找出问题，并对股权架构进行有针对性地改进和提升。

作为老板一定要意识到：企业股权架构表象的背后，实际上暗藏着很多能够充分调动起来的发展资源，比如团队、技术、资本、渠道等。也就是说，老板在梳理企业股权架构时，要充分考虑如何找到企业发展所需的资源，并通过股权把这些资源合理整合，从而实现企业和各利益相关者合作共赢的良好局面。

一个不想与人分享企业财富的老板，在今天这个竞争激烈的商业红海环境中，是注定没有办法生存的。进行股权设计或梳理时，我们需要将股权价值作为企业发展的战略坐标，把创始人、创业团队、合伙人、投资人、经理人以及其他重要利益相关方都绑在一起，如此一来，就能够使企业的竞争优势获得指数级增长，从而在激烈的市场竞争中赢得一席之地。

那么，如何才能设计出一个可以团结各方力量的股权架构呢？具体来说，主要有以下三大步骤：

第一步：分出创始人与投资人的份额。如果说公司股权是一个大蛋糕的话，那么创始人和投资人无疑拥有优先分蛋糕的权利，且能够分到更多的蛋糕份额。因此在设计企业的股权架构时，首先确定企业创始人和投资人所持有的股份比例以及与股权相关的表决权（投票权）、分红权等。

第二步：分出合伙人和员工的份额。合伙人持股并不新鲜，但员工持股在现代企业中还算不上大多数，不过可以预见的是，员工持股将会变得越来越普遍。在确定了创始人与投资人的持股比例后，就要考虑把剩下的股权蛋糕分给合伙人和员工，然后再根据个人对企业的贡献细分每个人应得的股份。在互联网时代，技术和知识是第一生产力，谁掌握了技术和知识，谁就能够占据市场，因此老板要有意识地增加技术和知识在企业股权结构中的比例，来大力拉动企业的技术水平和知识含量。

第三步：查漏补缺，对股权分配方案进行完善。股权架构的确定是一件非常慎重的事情，在初步确定好股权分配方案后，还要多方面查漏补缺，或征求专业人士意见等，检查股权架构是否有不合理之处，哪里还可以进行再完善、再调整。

总的来说，并不是所有企业的股权架构都要进行梳理和设计，还要看企业规模的大小、业务营收情况、是老板独资还是多方出资等具体情况。倘若是老板一个人独立出资的小微企业，可能暂时还涉及不到设计股权架构的工作。当企业发展到一定程度，股权架构的问题则必须提前解决好，否则就会给企业发展带来负面影响，甚至会导致企业直接"散伙"倒闭。

第六节　做好财务规划，加强财务规范化管理

企业老板必须要有高瞻远瞩的眼光，能够从企业发展的战略高度做好财务规划；与此同时也必须着眼当下，通过加强企业财务规范化管理来让财务规划实际落地。简单来说，就是要有诗和远方，这样才能明确企业财务工作的前进方向，也要低头看路，只有走好脚下的每一步，才可能触摸到理想中的诗和远方。

对于企业来说，财务规范化管理的意义非常重大，除了可以有效实施财务战略、财务规划外，还能从很大程度上解决问题，大幅提高企业财务管理水平，从而有力提升企业的核心竞争力。"向管理要效益"已经成为今天无数现代化企业的行业共识。

那么，财务规范化管理究竟是怎么一回事呢？财务规范化管理，实际上就是财务标准化，是指将企业财务的整个过程进行规范，简单来说就是以服务业务、理顺流程、查错防弊、强化管理为目标，对企业业务流程、部门设置、岗位分工及权限划分进行分析，结合企业财务准则、制度，最终形成一套具有自身特点的、规范化的、高效的财务管理系统。

财务规范化管理可以大大提高企业经费的使用效益，是提升企业财务综合管理水平的基础，一般来说，企业财务的规范化管理主要涉及以下五个方面。

1. 财务预算管理科学化

没有严格的预算制度，企业财务管理就会陷入无序和混乱状态。预算管理科学化需做到：明确预算编制目标，企业要根据自身业务的实际情况和特点来编制预算，并设置突发事件处理方案，预算应有明细说明，年度收支计划要详细；编制企业预算要搞好调查研究，切实通过实际调查、摸底等方式收集到一手的最新信息，为预算编制提供好基础资料；还需要加强部门之间的沟通协作，编制预算表面上来看是财务部门的工作，但实际上却不然，预算编制涉及企业每个部门，甚至是每一个人，只有做好部门间的沟通协作，才能提高预算编制的科学性、准确性和完整性；最后是企业各部门必须严格执行预算，可以通过建立预算节余超支奖惩制度、预算目标责任考核制度等来真正提高各项经费的使用效益。

对于老板来说，在参与企业财务预算相关工作的时候，一定要尊重客观事实，做到实事求是，不能犯"主观主义"错误，天马行空地给财务人员提出自己理想中的预算管理状态是没有实际意义的,即使是制定了这样的预算,后期也很难严格执行。

2. 经费管理制度化

经费管理制度化并不复杂,主要包括两方面:一是针对财务工作人员的分工建立岗位责任制度,做到定岗、定职、定责,制定好明确的考核标准,并建立相应的奖惩机制;二是完善财务管理规章制度,没有制度的财务部门就等于企业在"裸奔",资金使用、支付,票据的传递、审核,收支情况的记录,费用报销的相互签字制约等,都必须形成规范化的规章制度和工作流程,总的来说就是要做到财务制度完善、财务管理规范、财务运作有序、内部监督有力,只有这样才能有效提高企业财务部门的工作效率。

3. 财务业务建设规范化

财务业务建设规范化主要应做好三方面的工作:一是抓好财务部门的硬件管理,比如财务档案按序列标清年度会计凭证、财务资料档案,财务凭证、单据入柜列单存放,财务资料统一制式管理,计算机等硬件设备按会计、出纳各自管辖范围摆放等;二是要有严格的登记制度并落实,所有财务类票据、相关审批签字材料等必须做到及时、完整、准确、字迹清晰、日期明确;三是财务资料管理规范化,可以根据财务业务的类别或者年度等对财务资料进行规范化管理,所有的财务资料都要做到定期整理、专柜存放、专人管理。如此一来,企业的财务业务工作才能够井井有条。

4. 加强电算化管理

21世纪是网络时代、信息时代,今天,绝大多数企业的财务工作都需要借助"电算化"来完成，并开发了相应的财务工作软件系统等。对于现代企业来说，加强电算化管理是必不可少的，这就要求老板建立并完善财务电算化管理制度，把所有的"电算化"财务工作都纳入到科学化、规范化的轨道上。需要注意的是，加强电算化管理既要购置可靠的硬件设备，又要做好杀毒、财务资料的电子备份等，以免因病毒、计算机硬件损坏等导致重要财务资料被盗或丢失。

5. 加强财务团队建设

最后，要加强财务团队的建设，所有的财务规划、财务管理，都要通过人来实现，因此企业老板一定要重视财会人员的专业技能、业务素质和思想建设，并着力完善财务人员的培训机制，全方位、多形式地做好财务团队的搭建和专业人才的培养工作。

第七节 学会将财务信息转化成管理工具

在经济快速发展、竞争越发激烈的环境中，每个企业每天都在发生着数不清的经济业务：业务员 A 刚刚签订了一个大单，售后 B 正在处理某个客户的投诉，生产部 C 弄错了一批产品的生产日期编码，采购部 D 正准备采购一批生产原材料，人事部 E 正在面试应届毕业生，F 经理正在开培训总结会……

对于企业老板来说，无数的细枝末节是不可能面面俱到的，尤其是企业发展到一定规模之后，即使是不睡觉、不休息也不可能把企业的所有经济业务和信息都做到了如指掌，在这样的情况下，"抓重点"就显得尤其重要，而财务信息就是全面了解企业的最好工具。

每个月末，企业中发生的大大小小的经济业务，都会林林总总地通过订单系统、付款系统、成本核算系统等汇总到财务，财务工作人员会对这些信息进行处理、判断、分析、整合，从而最终生成利润表、资产负债表、现金流量表、产品利润分析表、部门费用分析表等。也就是说，财务报表本质上是一项高度浓缩的商业信息系统，能够客观、科学、系统地集中呈现出企业各项经济活动的运营结果。

如果是业务少、人员少的小微企业，老板当然能够掌控全局，是否具备把财务信息转化成管理工具的能力，可能并不是那么"迫切需要"，但对于规模稍大的企业来说，老板无法掌控全局，又不具备把财务信息转化成管理工具的能力，那么无疑就是蒙着眼睛走路，结果可想而知。

那么，如何才能把财务信息转化为有效的管理信息？

第一步：财务数据分解。财务报表上的各项数据是死的，但实际上每一个数据的背后都有其鲜活的隐藏信息，比如利润增加了不少，可能是业务员 A 谈成了一笔巨大的订单，下个月是不是还能有大订单不好说，因此利润上的增加并不是"可持续性"的，倘若是开发出来的新技术带来的利润增加，则可以预见后期利润还会呈现出持续性上涨的情况。老板在看财务数据时，一定要透过数据看本质，看到数据背后的企业各方面情况。此外，老板还要有还原财务信息的能力，能够把财务数据与企业的运营状况联系起来，只有这样才能把财务数据分解为企业的运营状况，为进一步用财务数据提炼出有价值的企业管理信息打好坚实的基础。

第二步：询问财务人员。老板毕竟不是专业的财务人员，也不必拥有财务人员的专业知识，只需用好人、善用人即可。在看财务信息时，老板可以通过询问财务人员各种问题的方式，来协助自己把财务数据转化为管理工具。比如某个月利润很低，老板就可以问"为什么这个月利润这么低？"这时具备专业素养的财务人员就能够告诉老板，利润低是因为销售额下滑还是某项支出大增，抑或是意外安全事故导致出现了大额赔付等，这时老板就能够轻而易举地把财务信息转化为管理工具，销售额下滑就主抓销售，想办法提升产品占有率，某项支出大增则可以研究能否压缩这方面开支，倘若是安全事故，那么则要找出事故原因、责任人，拿出惩处方案，并进一步加强安全方面的管理，对有安全隐患的地方及时严格整改，杜绝安全事故再次发生。

——业务部开发的新客户订单有多少营业额，维护的老客户又有多少？

——新客户不多，营业额50万，老客户订单营业额180万。

——我们的销售增长9%，为什么利润只多了一点？

——做促销了啊，这个月特惠折扣6折，所以经销商拿货都抢疯了。

——啊，折扣力度是有点大，钱收回了吗？

——二级经销商现款现货，钱都收回了，一级销商赊销，账期3个月，现在还没什么回款，现款和赊销的经销商大概一半一半吧！

如此一问一答，老板想了解的企业实际运营状况与潜在风险就能够问出一半了。因此，企业老板要充分运用好"询问"手段，通过与财务人员的深度交流来协助自己把专业的财务数据转化为管理工具。

第二章

财务报表：
会看财务报表才能更好经营

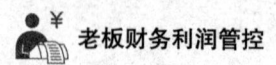 老板财务利润管控

第一节　老板为什么要看财务报表

老板的工作是想办法赚钱，为公司寻找新的发展方向，至于财务方面的事，会不会看财务报表、能不能看懂财务报表又有什么关系，聘请一个专职会计也花不了多少钱，市面上一大堆财务代理记账公司，随便找一家都很专业，专业的事就要交给专业的人去干……

这是不少公司老板，尤其是小微企业老板的内心真实想法，甚至相当一部分老板认为压根没必要看财务报表，把精力花在销售和发展业务上才是正事。具体的财务工作，当然不用老板亲自操刀去干，可如果一点财务常识都没有，不看财务报表，也看不懂财务报表，那么等待你的很可能是血与泪的教训。

杨总：朋友介绍了一个天使投资人，帮我们测算项目利润率有40%，这么高的利润率，几个创始人都非常开心，都觉得赚大钱、发大财指日可待，结果后来才知道，我们竟然亏本卖了两年的产品……

赵总：哪个老板不做两套账啊，这不是常规操作吗？谁知道公司上市前，才发现做两套账是个坑，为了上市合法化，我们专门跑到税务部门去补税，结果吃了一张行政处罚单，

还被告知三年内无法申报，直接影响到整个公司上市的进程，悲剧啊！

李总：我们是个互联网行业小公司，因为规模小，一直没请会计，而是外包给了代理财务公司，前段时间有个投资方对我的商业计划书很感兴趣，深入了解商业模式之后专门派人过来做尽调，谁知道代理的财务公司告诉我，半年前的凭证、会计账簿、单据都被销毁了，尽调结果不理想，投资的事也就不了了之了。

……

如果说企业是一艘在大海上航行的轮船，那么老板就是船长，而财务报表则是船舵，纵使船长的驾驶技术再高超，也需要借助船舵来实现。不看财务报表的老板，就像没有指南针的迷路人，是不可能管好企业，让企业沿着既定的轨道航行的。

俗话说"千里之堤，毁于蚁穴"，老板们辛辛苦苦经营，付出的汗水自然不用多说，可千万别因为不懂财务而留下巨大隐患。身为老板，你会看财务报表吗？身为非财务出身的老板，你能看懂财务报表吗？

资产负债表、利润表、现金流量表、损益表、财务状况变动表、所有者权益变动表、试算平衡表……对于没有财务专业基础的老板来说，光是听到财务报表的名字、看到统计有密密麻麻数字的各类财务报表，就已经头大，更别说清清楚楚、明明白白地看懂是怎么一回事了。

那么，看不懂财务报表要怎么办？

不要着急，我们可以用最通俗的方式去理解财务报表，

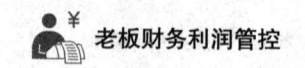

并从中梳理出我们需要的公司财务信息。

1. 公司有多少资产

同学会上,财富攀比总是绕不开的话题。"我在北京有2套房,市值差不多一千来万,房贷还有20万就还完了,有辆30万的车,现在手里还有50万买了国债理财。"大家在向他人吹嘘自己的财富时,都会说到自己的资产、负债。

实际上公司和个人的财富衡量方式是一样的,身为老板,我们看财务报表时,首先要搞清楚公司当前有多少资产。资产＝负债＋所有者权益,这是一个永远成立的公式,我们可以借助这个公式来看资产负债表。

资产和负债的概念,比较容易理解,那么,什么是所有者权益呢?A公司开了一家便利店,从房租到装修、进货等,全部办妥当共花费了50万元,其中向银行贷款20万元,公司出资30万元,公司出资的30万元就是"所有者权益"。简单来说,所有者权益就是总资产和总负债的差额。

资产负债表是对企业整体状况的概括性描述,它按照资产＝负债＋股东权益的结构,从左到右、从上到下排列。资产,简单来说就是公司资金的占用,是能够给公司带来收益的资源,比如应收账款、存货、固定资产、货币资金、可供出售的金融资产等;负债和股东权益是公司资金的两种不同来源,是公司要承担的代价,比如短期借款、应付职工薪酬、应付账款、长期借款等。

2. 公司利润有多少

两个人在同一小区各有房产一套,A失业中没什么收入,B是外企高管收入不菲,很显然B更有钱。实际上,公司的利润表和个人的工作收入是非常相似的，我们可以用这种思维来理解公司的利润表。

简单来说，用公司的营业收入扣减掉各种营业成本，需要缴纳的各种税金，最后剩下的就是公司的利润。在实际的公司经营中，利润表的项目常常会比较复杂，比如营业收入包括多种营业项目，营业成本的开支也是五花八门，需要缴纳的税金也不止一种，但只要我们把握住了利润＝营业收入－营业成本－税金的核心，那么看懂利润表，自然不在话下。

3. 公司的现金流怎么样

年底会计一算账，说是盈利了×××元，可为什么公司账上却没见到盈利的钱，还出现了钱不够开支的情况呢？

这就是我们为什么要看公司现金流量表的重要原因。现金流量表，简单来说就是用来记录公司账上真实的资金流动，进来多少，出去多少，还有多少钱，可以看出公司短期内是否有足够的现金去应付开销。

有多少公司因缺乏流动资金而破产，身为老板，一定要重视公司的现金流，经常查看公司的现金流量报表，只有这样才能尽早意识到现金流不足的问题，并积极通过催收账款、融资、贷款、售卖固定资产等方式来保证公司的现金流正常。

尽管财务报表的种类和内容都比较复杂，但身为老板，我们只要抓住了资产负债表、利润表和现金流量表这三大关键报表，就能够对公司的整体财务状况形成一个完整、立体、客观的认识，从而帮助我们了解公司一定期间的经营成果，此外，不同时间段的数据比对，还能够为老板是否调整经营方向的决策提供有效参考。

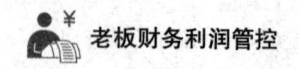

第二节 资产负债表：了解经营状况

资产负债表是反映企业在某一特定日期的财务状况的报表。企业老板可以通过资产负债表了解企业经营状况，评估企业的财务状况和偿债能力。

2019年4月30日，中华人民共和国财政部发布了《关于修订印发2019年度一般企业财务报表格式的通知》，以下是企业资产负债表的最新样式和模板（见表2-1）。

表2-1 资产负债表

资产	期末余额	上年年末余额	负债和所有者权益（或股东权益）	期末余额	上年年末余额
流动资产：			流动负债：		
货币资金			短期借款		
交易性金融资产			交易性金融负债		
衍生金融资产			衍生金融负债		
应收票据	分拆1		应付票据	分拆2	
应收账款			应付账款		
应收款项融资	新增		预收款项		
……			……		
非流动资产：			非流动负债：		

续表

资产	期末余额	上年年末余额	负债和所有者权益（或股东权益）	期末余额	上年年末余额
……			……		
其他权益工具投资			租赁负债	新增3	
其他非流动金融资产			长期应付款		
投资性房地产			预计负债		
固定资产			递延收益		
在建工程			递延所得税负债		
生产性生物资产			其他非流动负债		
油气资产			非流动负债合计		
使用权资产	新增2		负债合计		
无形资产			所有者权益（或股东权益）：		
开发支出			实收资本（或股本）		
……			……		
			其他综合收益		
			专项储备	新增4	
			盈余公积		
			未分配利润		
			所有者权益（或股东权益）合计		
资产总计			负债和所有者权益（或股东权益）总计		

对于企业老板来说，我们不必掌握做资产负债表的财务专业技能，只需了解资产负债表的结构、内容，并能够掌握资产负债表的阅读方法即可。

1. 资产负债表的结构

我国企业的资产负债表采用账户式结构，整体可以分为左右两方。资产负债表左边是资产项目，按资产的流动性大小排列，流动性越大的资产排在越前面，右边则是为负债及所有者权益项目，按要求清偿时间的先后顺序排列，清偿时间越短的项目越靠前。

此外，资产负债表的左右两方必须平衡，也就是说资产各项目的合计必须等于负债和所有者权益各项目的合计，即资产＝负债＋所有者权益。想要解读资产负债表，就要从这个公式入手。

2. 资产负债表的内容

一是资产，可分为流动资产和非流动资产。所谓流动资产，就是指企业可以在一年或者超过一年的一个营业周期内变现或者运用的资产，包括货币资金、交易性金融资产、应收票据及应收账款、预付款项、其他应收款、存货、合同资产、持有待售资产和一年内到期的非流动资产等。非流动资产指流动资产以外的资产，包括债权投资、其他债权投资、长期应收款、长期股权投资、其他权益工具投资、其他非流动金融资产、投资性房地产、固定资产、在建工程、无形资产、开发支出、长期待摊费用、递延所得税资产以及其他非流动资产等。

二是负债，可分为流动负债和非流动负债。所谓流动负债，就是指企业将在一年内或超过一年的一个营业周期内偿还的债务，包括短期借款、交易性金融负债、应付票据及应付账款、预收款项、合同负债、应付职工薪酬、应交税费、其他应付款、持有待售负债、一年内到期的非流动负债等。非流动负债指流动负债以外的负债，包括长期借款、应付债券、长期应付款、预计负债、递延收益、递延所得税负债和其他非流动负债等。

三是所有者权益，即资产扣除负债后由所有者应享的剩余权益，包括实收资本（上市公司为股本）、资本公积、盈余公积以及未分配利润。

简单来说，资产就是公司目前总共可以支配的钱和物，负债则是公司赊欠别人迟早要还的部分资产，最后投资人能瓜分到的利益，就是所有者权益。

3.资产负债表的阅读方法

（1）浏览资产负债表的主要内容。浏览资产负债表的主要内容，可以初步了解企业的资产、负债及股东权益的总额及其内部各项目的构成和增减变化。

企业总资产在一定程度上反映了企业的经营规模，因此其增减变化与企业负债和股东权益的变化有极大关系。当企业股东权益的增长幅度高于资产总额的增长时，说明企业的资金实力有了相对提高；反之则说明企业规模扩大的主要原因是来自于负债的大规模上升，进而说明企业的资金实力在相对降低，偿还债务的安全性亦在下降。

（2）进一步分析资产负债表的重要项目。应当对资产负债表的一些重要项目进一步分析，尤其是期初与期末数据变化很大，或出现大额红字的项目，如流动资产、流动负债、固定资产、有代价或有息的负债（如短期银行借款、长期银行借款、应付票据等）、应收账款、货币资金以及股东权益中的具

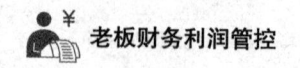

体项目等。

如果企业应收账款占总资产的比重过高，说明该企业资金被占用的情况较为严重，而其增长速度过快，说明该企业可能因产品的市场竞争能力较弱或受经济环境的影响，企业结算工作的质量将有所降低。

此外，还应分析报表附注说明中的应收账款账龄，应收账款的账龄越长，其收回的可能性就越小。企业年初及年末的负债较多，说明企业每股的利息负担较重，但如果企业在这种情况下仍然有较好的盈利水平，说明企业产品的获利能力较佳、经营能力较强，管理者经营的风险意识较强，魄力较大。

如果企业股东权益中法定的资本公积金大大超过企业的股本总额，则预示着企业将有良好的股利分配政策。但同时，企业若没有充足的货币资金作保证，预计该企业将会选择送配股增资的分配方案而非采用发放现金股利的分配方案。

另外，在对一些项目进行分析评价时，还要结合行业的特点进行分析。以房地产企业为例，如拥有较多的存货，意味着企业有可能存在着较多的、正在开发的商品房基地和项目，一旦这些项目完工，将会给企业带来很高的经济效益。

第三节 利润表：清楚企业的利润情况

利润表，也叫损益表、收益表，是反映企业在一定会计期间的经营成果的财务报表。对于老板来说，利润表不仅可以用来解释、评价和预测企业的经营成果和获利能力、偿债能力，还可以作为企业经营决策和评价、考核企业管理人员绩效的有力依据。了解利润表、看懂利润表、能够对利润表进行分析，是企业老板必备的基本功。

利润＝收入－费用，对这一动态会计恒等式的三项进行细化就构成了利润表（见表2-2）。

表2-2 利润表

编制单位：甲公司　　　　2019年12月31日　　　　单位：万元

报告日期	2019/12/31
一、营业收入	8 418 351 100
减：营业成本	7 766 902 800
营业税金及附加	7 802 436
销售费用	135 291 952
管理费用	195 262 800
财务费用	51 978 232
资产减值损失	21 251 790

续表

报告日期	2019/12/31
加：公允价值变动收益	
投资收益	46 382.06
其中：对联营企业和合营企业的投资收益	
二、营业利润	239 907 280
加：营业外收入	10 182 265
减：营业外支出	2 069 858.50
其中：非流动资产处置损失	
三、利润总额	248 019 696
减：所得税费用	42 009 228
四、净利润	206 010 464
归属于母公司所有者的净利润	208 124 288
五、少数股东损益	-2 113 820
六、每股收益	0.122
（一）基本每股收益	0.122
（二）稀释每股收益	0.122

1. 利润表的结构

从利润表的结构上看，一般分为表首、正表两部分。表首是利润表的相关情况说明，一般包括编制单位、编制日期、货币名称等；正表是利润表的主体，主要是经营成果的各个项目和计算过程。

利润表分项列示了企业在一定会计期间所取得的各种收入，如销售商品、提供劳务、对外投资等获得的收入，以及与各种收入相对应的费用、损失，并将收入与费用、损失加以对比结出当期的净利润。

2. 利润表的内容

在利润表中，企业通常按各项收入、费用以及构成利润的各个项目分类分项列示。收入主要包括主营业务收入、其他业务收入、投资收益、补贴收入、营业外收入，按照重要性分类分项列示；费用主要包括主营业务成本、主营业务税金及附加、营业费用、管理费用、财务费用、其他业务支出、营业外支出、所得税等；利润按营业利润、利润总额和净利润等利润的构成分类分项列示。

利润表全面揭示了企业在一定会计期间（如月度、季度、年度）实现的各种收入、发生的各种成本、费用或支出，以及企业实现利润或发生亏损的情况，可以动态反映企业经营资金动态表现，也可以为企业老板、管理人员等提供有关企业经营成果方面的信息。

利润表是根据"收入－费用＝利润"的基本关系和收入与费用的配比原则来编制的，所谓配比，即将收入与相关的费用、损失进行对比，结出净利润的过程。通过利润表，企业老板可以清晰了解企业的利润情况，知道取得了怎样的营业成果以及所付出的代价，从而能够更科学、客观地考核企业经营效益和效果。

3. 利润表的阅读方法

可千万不要小看利润表，一张小小的表格，可以反映出十分丰富的内容。具体来说，利润表可以反映的内容如下：

（1）可以反映出构成主营业务利润的各项要素。主营业务收入－为取得主营业务收入而产生的相关费用、税金＝主营业务利润。从主营业务收入到为取得主营业务收入而产生的相关费用、税金等，再到主营业务的利润，都清清楚楚。

（2）可以反映出构成营业利润的各项要素。营业利润＝主营业务利润＋其他业务利润－销售费用、管理费用、财务费用。营业利润是建立在主营业务利润基础之上的，除了主营业务外，其他业务的利润、销售费用、管理费用、财务费用等也都囊括在利润表中。

（3）可以反映出构成利润总额（或亏损总额）的各项要素。利润总额（或亏损总额）＝营业利润＋投资收益（损失）、补贴收入、营业外收支。

（4）可以反映出构成净利润（或净亏损）的各项要素。净利润（或净亏损）＝利润总额（或亏损总额）－本期计入损益的所得税费用。

主营业务收入多少、其他业务收入多少、投资收益多少、营业外收入多少，销售费用多少、管理费用多少、税金多少、净利润多少……这些信息，我们都可以在利润表中找到。

企业老板可以通过对比分析企业在不同时间段的利润表，了解企业利润增长的规模或趋势，找出更具发展潜力的业务，挖掘可节省的开支项目等，从而作出更正确的企业管理决策。还可以向债权人、投资人出示利润表以及相关分析等，以证明企业具有较好的偿债能力，进而帮助企业确定合适的偿债时机、筹集到所需的发展资金等。

此外，利润表与资产负债表中相结合，可以计算出应收账款周转率，将赊销收入净额与应收账款平均余额进行比较即可，将销货成本与存货平均余额进行比较则可计算出存货周转率，还可以将净利润与资产总额进行比较计算资产收益率。总的来说，企业老板要善于运用利润表来了解企业的经营状况，还要学会把利润表与资产负债表、现金流量表等结合起来综合分析，只有这样才能更好地找准企业经营的方向。

第四节　现金流量表：观察企业生命力

现金流量表是反映在某一特定时期内，一家企业的现金（包含银行存款）流入、流出以及流入净额增减变动状况的财物报表，可用于分析企业在一定时期内是否能够应付正常的开销，保持企业的正常运转，是观察企业生命力的重要渠道。

现金流量表可以帮助企业老板了解企业筹措现金、生成现金的能力，从现金流量的角度对企业进行考核。现金流量表弥补了资产负债表信息量的不足，是对资产负债表和利润表的动态补充，企业老板在看财务报表时，需要将三者结合在一起。

1. 现金流量表的结构

现金流量表分为两部分：主表，各项目金额实际上就是每笔现金流入、流出的归属；附表（即补充资料），各项目金额是相应会计账户的当期发生额或期末与期初余额的差额。

2. 现金流量表的内容

现金流量表的主表由经营活动、投资活动、筹资活动三大部分组成。经营活动收到现金包括销售商品、提供劳务，税费返还，其他经营活动；支付现金包括购买商品、接受劳务、支付职工、支付的各项税费、支付其他经营活动。筹资活动收到现金包括收回投资、投资收益、处置长期资产、收到其他投资活动；支付现金包括购建长期资产、支付投资、支付其他投资活动。筹资活动收到现金包括吸收投资、收到借款、收到其他筹资活动内容；支出现金包括偿还债务、支付股利、利息、利润、支付其他筹资活动。

3. 现金流量表的阅读方法

企业的现金流量由三部分构成：经营活动产生的现金流量、投资活动产生的现金流量和筹资活动产生的现金流量。我们在阅读现金流量表时，可以从这三个部分来入手。

（1）经营活动产生的现金流量分析。我们可以将销售商品、提供劳务收到的现金与购进商品、接受劳务付出的现金进行比较，比率大，则说明企业销售回款良好，销售利润大、创现能力强，反之则说明企业需要缩短回款周期、提升利润，努力提升创现能力。需要注意的是，这种分析方法在企业经营正常、购销平衡的情况下更有价值和意义。

要想了解企业产品销售现款占经营活动流入现金的比重，我们可以将销售商品、提供劳务收到的现金与经营活动流入的现金总额比较，比重大则说明企业营销状况较好，主营业务突出。

此外，还可以对比企业不同时间段的经营活动现金流量，来了解经营活动现金量的增长趋势，增长率越高，说明企业的成长潜力越大。

（2）投资活动产生的现金流量分析。需要注意的是，企业老板在分析投资活动的现金流量时，不能简单粗暴地用现金流净流入或净流出来评估企业投资活动的成败，而是要结合企业的具体投资项目来分析。倘若企业正在扩大规模，那么必然会有大量现金流出，出现投资活动的现金流入小于流出、投资活动净现金流为负数的现象，看到负数不要着急，只要是投资有效，就一定会在未来产生足够的现金流入来偿还债务、创造收入。

（3）筹资活动产生的现金流量分析。企业老板在分析筹资活动产生的现金流量时，要对筹集资金的性质进行明确区分，分清是企业吸收的权益性资本还是借贷性资本。如果是借贷性资本，则筹资活动的现金流入越大，说明企业的债务越多、偿债压力越大，如果是权益性资本，则没什么偿债压力。老板可以通过权益性资本的现金流入与筹资活动现金总流入进行对比，来综合评估企业的债务情况和偿债压力。

此外，在分析企业的现金流量表时，还要注意现金流量的构成分析。老板可以通过计算经营活动现金流入、投资活动现金流入和筹资活动现金流入占现金总流入的比重，来深入了解企业现金的来源情况，总的来说，经营活动现金流入占现金总流入的比重越大越好，说明企业经营状况良好、财务风险低。想深入了解企业的现金都用在了哪里，则可以计算经营活动现金支出、投资活动现金支出和筹资活动现金支出占现金总流出的比重，一般生产经营正常的企业经营活动现金支出的比重都比较大，反之则说明企业在生产经营方面存在一定的问题。

第五节　如何准确识别欺诈性报表

欺诈性报表，顾名思义就是谎报财务数据的报表，故意误导财务报表使用者的财务报表。对于老板来说，小企业遇到欺诈性财务报表的概率较低，下有多个子公司的大企业、集团企业，其老板更容易遭遇欺诈性报表，此外老板在投资时也容易遇到"粉饰一新"的欺诈性财务报表。

不能准确识别欺诈性报表，对于老板来说是十分危险的，如果是公司内部的欺诈性报表，则会导致企业财务状况处于恶性循环，给企业决策造成误导，甚至会最终导致企业破产倒闭；如果是投资时遇到欺诈性报表，则很可能导致不同程度的投资损失，甚至会血本无归。

一般来说，欺诈性财务报表最常用的手段是虚增盈利，即多报收入、少报费用。

会计应如实反映经济业务，客观真实地记录企业经济活动的过程及结果，提前确认收入或制造收入都是会计准则和制度不允许的。但在现实工作中，仍然有个别人为达到某种目的铤而走险。有提前开具销货发票的，有在未来存在巨大不确定性因素时仍确认收入的，有为了达到扭亏为盈而在年末作一笔销售的，有利用子公司把产品销售给第三方，再由另一家子公司从第三方购回以规避集团内部交易相互抵消规定的……身为老板，在看财务报表的收入时，一定要认真、谨慎、多核查、多了解情况。

少报费用，即将费用作为利润的一个"调节器"或"蓄水池"，常见的方式有：该确认的资产减值损失期末不确认，将收益性支出作资本性支出处理，转销的资产损失不在当期转销，将应由本期确认的费用递延到以后各年确认，潜亏挂账，该预提的费用不预提，虚增存货价值、少转销货成本等。

对于企业内部的欺诈性报表，老板可以通过内部多方面核实、调查等来发现问题，以营业额为例，不妨分别与主管业务的经理、金牌销售员、工龄长的销售老员工等了解情况，并与财务报表上的数据进行比对，出现不一致时就要警惕财务报表的准确性。

识别企业内部的欺诈性财务报表很重要，但更重要的是要避免出现欺诈性报表。一旦企业内部出现了虚假财务数据，那就说明企业的内部管理肯定出现了问题，那么如何才能避免企业内部出现虚假财务数据呢？

（1）业绩评价指标要切合实际。有些老板在制定内部业绩评价、短期财务目标时，不考虑实际情况，使其基本上无法实现，于是迫于"交差"的压力，一些员工就会产生较强的弄虚作假动机。因此在制定财务预算、利润目标、业绩评价指标时，一定要使其既能实现，又富有挑战性，在人员的加薪晋升方面，也不宜仅以完成利润指标业绩作为唯一标准。

（2）要强化内部审计责任。尤其是发展到一定规模的企业，必须要有专门的内部审计部门。内部审计不仅会对账簿进行审计，还会通过事实调查、亲临现场或不事先通知的临时性访问等手段，以确保财务报表信息的准确性，阻止欺诈行为的发生。企业老板要善于运用内部审计的方法来杜绝企业财务数据方面的欺诈误导。除了培养企业自己的审计人员和团队之外，也可以通过聘请第三方专业的审计人员和团队来完成对企业内部的审计工作。

如果是投资，那么老板们可千万不要"脑袋一热"就做决定，在投资之前，请务必和财务人员一起做好投资项目的多方面调研、考察、分析工作，以免遭遇欺诈性报表导致财产损失。倘若没有专门的财务人员，那么不妨临时聘请一位从业经验丰富的财务顾问，尽管会多出一份开支，但能规避掉由欺诈性财务报表所带来的投资风险，还是物超所值的。

第三章

财务分析：
精准把脉企业经营管理状况

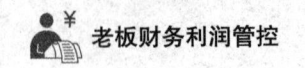

第一节　企业获利能力分析

获取利润是企业的天然本能，一个长期无法获取利润的企业，是无法在市场中一直生存的。利润是企业内外各方都关心的中心问题：投资者关心企业利润，因为利润关系着他们的投资收益；债权人关心企业的利润，因为利润关系着他们的债务能否及时兑付；政府关心企业利润，因为利润关系着当地政府的税收收入；企业经营者关心利润，因为利润关系着企业经营的好坏和自己的收入；企业员工关心利润，因为利润直接关系着他们的薪酬能否按时、足额发放，福利能否提升等。

企业获取利润的能力，就是企业获利能力，也叫企业盈利能力。企业获利能力是经营者管理效能和经营业绩的集中表现，作为企业老板，必须能够对企业获利能力进行分析，这是管理企业的重要辅助手段和工具。

一般来说，分析企业获利能力，可以从企业盈利能力一般分析和股份公司税后利润分析两方面来开展和进行。

1. 企业盈利能力一般分析

企业盈利能力一般分析主要包括总资产利润率、销售利润率、资本金利润率、成本费用利润率、股东权益利润率，是反映企业盈利能力的重要指标。

（1）总资产利润率，实际上就是过去人们常说的资金利润率，是指企业利润总额与企业资产平均总额的比率（计算公式为：总资产利润率＝利润总量/资产平均总额 ×100%）。总资产利润率可以反映企业资产综合利用效果，也可以衡量企业利用债权人和所有者权益总额所取得的盈利，一般来说，比率越高，说明资产利用效果越好，企业获利能力越强，企业管理越高效、合理。

（2）销售利润率能够反映出企业销售收入中，员工为社会劳动新创价值所占的份额，是企业利润总额与企业销售收入净额的比率（计算公式为：销售利润率＝利润总额/营业收入 ×100%）。比率越高，说明企业为社会贡献越大、新创价值越多。

（3）资本金利润率，可以反映出投资者投入企业资本金的获利能力。（计算公式为：资本金利润率＝利润总额/资本金总额 ×100%）。资本金利润率高，说明企业资本金的利用十分高效，反之则说明企业资本金利用效率较低。

（4）成本费用利润率，能直接反映企业增收节支、增产节约效益，是指企业利润总额与成本费用总额的比率（计算公式为：成本费用利润率＝利润总额/成本费用总额 ×100%）。不管是企业生产销售的增加，还是费用开支的节约，都会使这一比率升高，此比率越高越乐观。

（5）股东权益利润率，能够反映企业股东投资收益水平，是企业利润总额与平均股东权益的比率（计算公式为：权益利润＝利润总额/平均股东权益 ×100%）。股东权益利润率高，说明股东投资的收益水平高，企业的获利能力强，反之则说明企业的获利能力不足。

2. 股份公司税后利润分析

只有上市企业才会公开发行股票，才适用于股份公司税后利润分析法，倘若是没有上市的中小企业，则宜采用企业盈利能力一般分析法。一般来说，股份公司税后利润分析常用的指标有市盈率、每股股利和每股利润。

（1）市盈率可以反映股票盈利状况，是指普通股每股市场价格与每股利润的比率（计算公式为：市盈率＝普通股每股市场价格／普通股每股利润）。市盈率可以作为投资的参考，此比率越高，说明企业拥有巨大的获利潜力，反之则说明企业的获利前景比较悲观。

（2）每股股利可以反映股份公司每一股获得股利的情况，是企业股利总额与流通股数的比率（计算公式为：每股利润＝股利总额／流通股数）。股利总额是指用于对普通股分配现金股利的总额，流通股数是指企业发行在外的普通股股份平均数。企业获利能力的强弱会影响每股股利的高低，此外，企业股利发放政策、扩大再生产等，也会对每股股利产生影响，这就要求企业老板在使用这一分析指标时，要综合分析、综合判断。

（3）每股利润，是指普通股每股税后利润，通俗来说就是股份公司发行在外的普通股每股可能分得当期企业所获利润的多少［计算公式为普通股每股利润＝（税后利润－优先股股利）／流通股数］。每股利润是企业获利能力的最后结果，每股利润越高，说明企业获利能力越强，反之则说明企业获利能力不足。

分析企业获利能力的指标比较多，企业老板在实际使用当中，可以根据企业是否上市、有无发行股票等实际情况，选择更匹配的分析指标和方法。需要注意的是，最好选用多个不同指标进行同步分析，可以更加立体、多方面地了解企业的获利情况。

第二节 企业偿债能力分析

绝大多数企业都有债务，不同企业的债务构成不同，可能是供应商的货款，也可能是银行的贷款、债权人的借款等，对于企业老板来说，定期了解企业的偿债能力是非常重要的，这直接关系着企业现金流能否正常运转，关系着企业经营能否正常开展。

企业偿债能力是一种综合性能力，包括企业有无偿还债务能力和支付现金的能力，企业用其资产偿还短期债务与长期债务的能力。可以从静态和动态两方面来认识企业的偿债能力，从静态的角度看，企业偿债能力就是用企业资产清偿企业债务的能力，从动态的角度看，企业偿债能力就是用企业资产和经营过程创造的收益偿还债务的能力。

企业偿债能力是企业偿还到期债务的承受能力或保证程

度,可以反映企业的经营能力和财务状况,是评估企业能否生存和健康发展的重要指标。每一个企业老板,都必须对企业的偿债能力做到心中有数。

一般来说,企业偿债能力分析的常用指标有:现金比率、周转率、速动比率、流动比率、利息支付倍数、清算价值比率。

(1)现金比率,可以反映企业可用现金和变现方式清偿流动负债的能力,是指每1元流动负债有多少现金及现金等价物作为偿还的保证(计算公式为:现金比率=(货币资金+交易性金融资产)÷流动负债合计)。此指标能够真实地反映企业的短期偿债能力,比率越高,说明企业的短期偿债能力越强。

(2)周转率,也叫资本周转率,可以反映企业清偿长期债务的能力〔计算公式为:资本周转率=(货币资金+短期投资+应收票据)÷长期负债合计〕。周转率越高,说明企业长期偿债能力越强,诸如房地产等负债率较高的行业,通常都会采取提高周转率的方式来降低企业的债务风险。需要注意的是,影响企业长期偿债能力的因素很多,不可只用周转率来评估,还应综合考虑企业未来的现金流入情况、销售获利能力以及盈利状况等。只有多角度、多方面进行综合分析,才能更客观、准确地评估企业的偿债能力。

(3)速动比率,可以反映企业流动负债的保障程度,是指每1元流动负债有多少速动资产作为偿还的保证〔计算公式为:速动比率=(流动资产合计-存货净额)÷流动负债合计〕。一般情况下,速动比率越高,说明企业短期偿债能力越强。需要注意的是,速动比率不宜作为单一分析工具使用,还应结合企业的应收账款、周转速度、变现能力、预付账款、待摊费用、其他流动资产等一起来分析判断企业的偿债能力。

(4)流动比率,可以反映公司流动资产对流动负债的保障程度,是指每1元流动负债有多少流动资产作为偿还的保证(计算公式为:流动比率=流动资产合计÷流动负债合计)。此比率可以反映出企业短期偿债能力的强弱,一般来说,流动比率越高,说明企业的短期偿债能力越强。需要注意的是,在使用流动比率这一指标对企业偿债能力进行分析时,还应结合企业的周转速度、变现能力、变现价值、存货规模等综合判断。倘若周转速度慢且存货规模大,则企业实际短期偿债能力比流动比率所反映的偿债能力更弱。

(5)利息支付倍数,可以反映公司负债经营的财务风险程度[计算公式为:利息支付倍数=(利润总额+财务费用)÷财务费用]。一般来说,利息支付倍数越大,说明企业的负债经营风险越小,偿付借款利息的能力越强。在使用这一指标对企业偿债能力进行分析时,最好将财务费用调整为真实的利息净支出,这样可以让我们的分析结果更准确。

(6)清算价值比率,可以反映公司清偿全部债务的能力,是指企业有形资产与负债的比例[计算公式为:清算价值比率=资产总计-无形及递延资产合计)÷负债合计]。一般来说,清算价值比率越大,说明公司的综合偿债能力越强。需要注意的是,在使用清算价值比率时,还要考虑到企业有形资产的质量和市场需求情况,倘若企业有形资产难以变现或变现价值过低,则说明企业的综合偿债能力比较弱。

总的来说，企业老板在对企业偿债能力进行分析时，不妨将多个指标进行综合分析，并对不同结果进行比照分析，有助于我们更精准地判断企业的综合偿债能力。此外，分析企业偿债能力是一项综合性工作，还要结合企业的实际情况来进行。

第三节　企业发展能力分析

企业发展能力，就是我们通常所说的企业成长性，是指企业通过自身的生产经营，不断积累、扩大而形成的发展潜能。

每个老板都希望自己的企业能有充足的发展空间和一个光明的发展前途，在制定企业发展战略时，必须要科学、客观地评估企业的发展能力，只有这样才能制订出更合理的发展方向和发展计划。此外，企业发展能力在融资、筹资等过程中也发挥着十分重要的作用。

那么，对于企业老板来说，怎样才能对企业发展能力作出科学、客观、准确的评估和判断？一般来说，企业发展能力的分析指标有：营业收入增长率、营业利润增长率、资本积累率、资本保值增值率、总资产增长率、技术投入比率、营业收入三年平均增长率和资本三年平均增长率。

（1）营业收入增长率，可以反映企业销售、营业收入的增减变动情况，是指企业本年营业收入增长额与上年营业收入总额的比率（计算公式为：营业收入增长率＝当年营业收入增长额/上年营业收入总额×100%），其中的当年营业收入增长额＝当年营业收入总额－上年营业收入总额。一般来说，营业收入增长率大于零的，说明企业的营业收入有所增长，增长率小于零的，说明企业的营业收入不仅没有增长，还出现了萎缩的情况。营业收入增长率越高，说明企业的营业收入增长速度越快，企业的发展能力越好，发展前景越光明。

（2）营业利润增长率，可以反映企业营业利润的增减变动情况，是指企业本年营业利润增长额与上年营业利润总额的比率（计算公式为：本年营业利润增长额＝本年营业利润总额－上年营业利润总额）。一般来说，企业营业利润增长率越高，说明企业的盈利能力越强，发展能力越好。

（3）资本积累率，可以反映企业当年资本的积累能力，是指企业本年所有者权益增长额与年初所有者权益的比率（计算公式为：资本积累率＝企业本年所有者权益增长额/年初所有者权益）。一般来说，资本积累率越高，说明企业积累的资本越多，应对风险的能力越强，持续发展的潜力越大。

（4）资本保值增值率，可以反映企业当年资本在企业自身努力下实际增减变动的情况，是指企业扣除客观因素后的本年末所有者权益总额与年初所有者权益总额的比率（计算公式为：资本保值增值率＝本年末所有者权益总额/年初所有者权益总额）。一般来说，资本保值增值率越高，说明企业的所有者权益增长越快，偿还债权人债务的能力越强，企业的发展能力越好。

（5）总资产增长率，可以反映企业本期资产规模的增长情况，是指企业本年总资产增长额同年初资产总额的比率（计算公式为：总资产增长率＝本年总资产增长额／年初资产总额），其中的本年总资产增长额＝年末资产总额－年初资产总额。一般来说，总资产增长率越高，说明企业资产经营规模扩展的速度越快。需要注意的是，老板在分析企业的总资产增长率时，要重点关注企业资产扩张的质与量，避免盲目扩张、过快扩张。

（6）技术投入比率，可以反映企业在科技进步方面的投入，是指企业本年科技支出（包括用于研究开发、技术改造、科技创新等方面的支出）与本年营业收入的比率（计算公式为：技术投入比率＝本年科技支出／本年营业收入）。一般来说，企业的技术投入比率越高，说明企业的发展潜力越大。

（7）营业收入三年平均增长率，可以反映企业的持续发展态势和市场扩张能力，客观呈现企业营业收入连续三年的增长情况。一般来说，企业的营业收入三年平均增长率越高，说明企业的销售、营业增长势头越好，企业的发展能力越好、扩张能力越强。

（8）资本三年平均增长率，可以在一定程度上反映企业的持续发展水平和发展趋势，能够客观呈现企业资本连续三年的积累情况。一般来说，企业的资本三年平均增长率越高，说明企业对抗风险的能力越强，企业的持续发展能力越好。

作为老板在分析企业发展能力时，最好使用多个不同的指标对企业发展能力进行多方位分析，并对分析结果进行对比、分析，以提高判断的准确度，不断加深对企业发展能力的认识和判断。

第四节 企业运营能力分析

如果把企业看作一个机器，那么老板就是操作机器的技术员，作为操作机器的技术员，老板必须清晰地知道企业这个机器运转得怎么样，只有深度了解企业的运营情况，老板才能更好地调整机器、操纵机器，让企业这个机器更加高速、顺畅地运转。

对企业运营能力进行分析，不仅可以了解企业运营效率，发现企业在运营中存在的问题，还可以作为企业盈利能力分析和偿债能力分析的补充。企业运营能力是指企业运营活动的效率和效益，可以评价企业的运营能力，促进企业经济效益的提高。

企业资产运营能力分析的内容主要包括三个方面：全部资产运营能力分析、流动资产运营能力分析、固定资产运营能力分析。

1. 全部资产运营能力分析

企业全部资产运营能力，即企业投入或使用全部资产所取得的产出的能力。反映全部资产运营能力的指标有全部资产收入率分析、全部资产产值率分析、全部资产周转率分析。

（1）全部资产收入率，可以反映企业收入与资产占用之间的关系，是指占用每百元资产所取得的收入额（计算公式是：全部资产收入率＝总收入/平均总资产×100%）。一般来说，企业的全部资产收入率越高，说明企业的全部资产运营效率越高，运营能力越强。如果企业想提高资产收入率，可以从两方面着手：一是提高产品销售率，二是提高全部资产产值率。

（2）全部资产产值率，可以反映企业全部资产运营能力，是指企业占用每百元资产所创造的总产值（计算公式为：全部资产产值率＝总产值/平均总资产×100%）。一般来说，企业的全部资产产值率越高，说明企业的全部资产运营状况越高，资产投入产出率越高。

（3）全部资产周转率，可以反映企业全部资产周转速度的快慢（计算公式为：全部资产周转率＝总周转额（总收入）/平均总资产）。一般来说，企业的全部资产周转率越高，说明企业的全部资产运营能力越强。流动资产是全部资产的重要组成部分，也是周转速度最快的部分，老板在分析全部资产周转率时，需要注意，全部资产周转速度会受到流动资产周转速度的影响，全部资产中流动资产所占比例越大，企业的全部资产周转速度就会越快。

2. 流动资产运营能力分析

流动资产运营能力分析包括：全部流动资产周转率分析、全部流动资产垫支周转率分析、流动资产周转加速效果分析、存货周转率分析、应收账款周转率分析。

(1) 全部流动资产周转率，可以反映企业流动资产的周转速度，是指一定时期流动资产平均占用额和流动资产周转额的比率。流动资产周转次数和流动资产周转天数（周转期）都表示流动资产的周转速度，我们可以通过流动资产周转次数和流动资产周转天数（周转期）来判断企业的全部流动资产周转率［流动资产周转次数的计算公式为：流动资产周转次数＝流动资产周转额/流动资产平均余额。流动资产周转天数（周转期）的计算公式为：流动资产周转天数（周转期）＝计算期天数（360）/流动资产周转次数＝流动资产平均余额×计算期天数/流动资产周转额］。一般来说，流动资产的周转次数越多、周转天数越少，说明流动资产的周转速度越快。

(2) 全部流动资产垫支周转率，可以通过全部流动资产垫支周转天数和全部流动资产周转次数来评估［计算公式为：全部流动资产垫支周转天数＝全部流动资产平均余额×计算期天数/销售成本］。一般来说，全部流动资产垫支周转天数越少、全部流动资产周转次数越多，说明全部流动资产垫支周转率就越高。

(3) 流动资产周转加速效果，可以通过加速流动资金周转所节约的资金来评估，所节约的资金越多，说明企业流动资产周转加速的效果越高。加速资产周转所节约的资金是指企业在营业收入一定的情况下，由于流动资产周转加速所节约的资金［计算公式为：流动资产节约额＝报告期销售收入×(1/基期流动资产周转次数－1/报告期流动资产周转次数)］。一般来说，流动资产节约额为正数时，说明企业流动资产加速效果较好，通过流动资产加速周转节约了资金，反之则说明企业流动资产周转速度缓慢，并造成了一定的浪费。

（4）存货周转率的表现形式有两种，一是企业在一定时期内存货占用资金可周转的次数，二是存货每周转一次所需要的天数。我们可以通过这两个指标来评估企业的存货周转率。一般来说，存货周转次数越多，存货周转天数越少，说明企业的存货周转率越高［计算公式为：存货周转次数 = 销售成本/平均存货，其中平均存货 =（期初存货 + 期末有货）÷2。存货周转天数 = 计算期天数/存货周转次数 = 计算期天数 × 平均存货/销售成本］。

需要注意的是，企业老板在分析存货周转率时，还要考虑到材料周转率、产品周转率等因素的影响。

（5）应收账款周转率，可以反映企业应收账款变现的速度和管理的效率［计算公式为：应收账款周转率 = 赊销收入净额/应收账款平均余额，其中赊销收入净额 = 销售收入 − 现销收入 − 销售退回、销售折让、销售折扣；应收账款平均余额 =（期初应收账款 + 期末应收账款）÷2］。一般来说，企业的应收账款周转率越高，说明企业的应收账款回款越及时，越不容易出现坏账损失。

3. 固定资产运营能力分析

固定资产运营能力分析包括固定资产产值率分析和固定资产收入率分析。

（1）固定资产产值率，能反映出企业每百元固定资产提供的总产值，是指一定时期内企业总产值与固定资产平均总值之间的比率（计算公式为：固定资产产值率 = 总产值/固定资产平均总值）。一般来说，企业的固定资产产值率越高越好。

（2）固定资产收入率，顾名思义就是企业每百元固定资产提供的收入，是一定时期内企业所实现的收入同固定资产平均占用总值之间的比率［计算公式为：固定资产收入率＝销售收入/固定资产平均总值（或固定资产平均净值）］一般来说，企业的固定资产收入率越高，说明企业对固定资产的利用效率越高，企业对固定资产的运营能力越强。

第五节　企业利润表分析

千万不要小看利润表，其背后可以反映出的信息十分丰富，不仅可以了解企业净利润的实现情况，还能为判断企业资本保值、增值情况提供有力参考。对于企业老板来说，能够看懂企业利润表只是基本功，还要学会对企业利润表进行深入、详细的分析。

利润表分析，顾名思义就是以利润表为对象进行的财务分析。利润表分析可以帮助老板直接了解企业的获利能力、盈利状况，还可以根据对收入、成本费用的分析，准确把握企业获利情况的原因，有助于企业老板客观、科学地分析企业管理费的使用效率等。

要想对企业利润表进行深度分析，我们首先要明确利润表分析的目标,一般来说,利润表分析的目标主要有:了解企业的收益情况,了解企业利润的构成和来源,了解企业成本支出数额,了解企业成本支出的构成情况。带着明确的目标开展利润表分析,可以起到事半功倍的效果。

利润表分析的内容包括利润表主表分析、利润表附表分析、利润表附注分析,三者缺一不可。需要注意的是,企业老板在对利润表进行分析时,切忌思维孤立,而是要将三部分的分析内容融会贯通起来。

1. 利润表主表分析

对利润表主表进行分析,关键是要分析影响利润的收入与成本,各项利润的增减变动和结构增减变动情况。

(1)企业收入分析的内容包括:企业收入的构成分析,可以为老板是否调整业务提供有价值的参考;影响收入的价格因素与销售量因素分析,能够帮助老板制定更合理的产品价格策略以及制定合适的销售计划、目标等;收入的确认与计量分析则有助于老板对企业的收入有进一步更细致、深入的了解。

(2)成本费用分析包括:产品销售成本分析,老板可以通过销售总成本分析和单位销售成本分析来了解产品销售成本,并为降低销售成本提供必要参考;期间费用分析,老板可以根据销售费用和管理费用所占的比例,来衡量评估费用的合理性,并有针对性地调整企业开支,降低企业成本。

(3)利润额增减变动分析,不仅可以了解企业的利润情况,还可以据此判断企业的获利能力和发展潜力,此外对利润额增减变动进行深度分析,还可能发现利润形成过程中存在的管理问题,对老板改善企业的管理工作提供思路。

(4)利润结构变动情况分析,可以揭示企业各项利润及成本费用与收入的关系,企业老板可以通过分析利润结构的变动,发现优势业务板块,找出颓势业务板块,及时调整企业发展战略,推动企业利润的进一步增长和结构调整。

2. 利润表附表分析

利润表附表分析包括:利润分配表、分部报表分析。通过利润分配表分析,老板可以全面、宏观地了解企业在利润分配上的情况,比如员工奖励占多少、股东分红占多少、国家法规变动对利润分配产生了什么影响等。可以帮助老板对企业利润分配进行评估或调整。分部报表分析可以为企业优化产业结构、制定战略发展目标提供方向,企业老板可以通过分部报表分析,了解企业在不同地区、不同行业的经营成果、经营状况。

3. 利润表附注分析

利润表附注分析可以反映出企业利润形成、企业利润分配变动的原因,企业老板在利润表分析过程中,千万不要遗漏了对利润表附注的分析,利润表附注对利润表和附表中重要项目变动情况的说明,有助于老板深入分析利润形成和分配的原因,可以为企业经营管理和决策提供有价值的参考。

4. 利润表中的财务比率

利润表中的财务比率包括:毛利率和销售净利率。

毛利率,不仅可以用来衡量、评估企业的财务状况,还可以反映出企业所处整个行业的发展情况(计算公式为:毛利率=毛利额/主营业务收入×100%)。不管是从事什么行业及规模大小，企业都必须保持比较平稳的毛利率。毛利率过低的行业，进入要谨慎，在经营过程中，企业必须有保持平稳毛利率的有力举措，以饮料行业为例，缩小瓶装容量就是一种保持平稳毛利率的方法。总的来说，企业的毛利率越高说明企业的获利能力越强，市场竞争力越好。

销售净利率是指企业每百元销售收入净额可实现的净利润（计算公式为：销售净利率＝净利润／主营业务收入×100%）。销售净利率越高，说明企业的获利能力越强。需要注意的是，不同行业的销售净利率差异较大，老板在分析企业的销售净利率时，要结合企业所在的行业和具体情况进行分析。

第六节　企业现金流量表分析

现金流量表对于企业老板来说是十分必要的。对企业现金流量表进行分析，可以从不同时间跨度上了解企业的现金流出、流入和结余情况，正确认识企业利润的质量，有助于发现财务问题、精准评估企业当前和未来一段时期的支付能力、偿债能力，还能够为企业未来一段时期的财务状况提供客观、科学依据，从而帮助老板作出科学决策。

现金流量表分析，顾名思义就是指对企业现金流量表上的有关数据进行分析、比较和研究。有了明确的目标就等于成功了一半，对企业现金流量表进行分析，要带着明确的目标。企业现金流量表分析的目标主要有：从动态思维了解企业现金变动情况，分析企业现金变动的原因，对企业盈利质量进行评估，科学判断企业获取现金的能力。

总的来说，企业现金流量表分析的内容包括：现金流量的趋势分析、现金流量的结构分析、支付能力分析、偿债能力分析。

（1）现金流量的趋势分析，即对企业当前的现金流量表与之前不同时期的现金流量表进行对比分析，不同企业可以根据自身的实际情况确定对比分析的时间跨度范围（比如全年、半年、一个季度等），重点是要看企业现金流量的变化趋势，可以通过绘制简单折线图的方式来观察趋势变化。需要注意的是，不仅要了解现金流量的趋势变化，还要深入分析其背后的原因。

（2）现金流量的结构分析。绝大多数企业的现金流量来源都是多元化的，比如销售收入、投资收益、分公司上缴利润等，这就涉及企业的现金流量结构。老板要重点分析企业的现金流量来源，以及不同来源所占的比例，这有助于判断企业的经营是否正常。一般来说，经营性现金流量所占的比例是最大的，反之则说明企业经营活动不正常。

（3）支付能力分析，即老板要把企业现金流与未来一段时期的应付账款、支出等结合起来分析，并评估企业的支付能力。需要注意的是，在分析企业支付能力时，要有动态思维，企业现金流是时刻处于变化之中的，在分析时要考虑到企业现金流和支出的流动性、不确定性等因素。

(4)偿债能力分析，简单来说就是老板梳理企业的所有债务并与现金流进行综合分析，通过分析可以对企业的偿债能力有深刻的认识，有助于评估、判断出较为合理的偿债时机等。

老板在对企业的现金流量表进行分析时，可以按照以下步骤来进行：

第一步：总体分析，顾名思义就是从整体、宏观的角度对企业现金流量情况进行分析，可以为管理决策提供有价值的参考。

第二步：结构分析，可以帮助我们评估企业产生现金流的能力，主要包括：经营活动产生现金流量、筹资活动产生现金流量、投资活动产生现金流量三者分别占现金及现金等价物净增加额的比重。

第三步：财务比率分析，即利用财务比率指标来对企业的现金流量进行分析。一般来说，常用的财务比率分析指标主要有：获取现金能力分析、流动比分析、收益质量分析、财务弹性分析。

（1）获取现金能力分析的常用公式为：销售现金比率＝经营活动现金净流量÷销售额；每股营业现金净流量＝经营活动现金净流量÷普通股股数；全部资产现金回收率＝经营活动现金净流量÷资产总额。销售现金比率、每股营业现金净流量、全部资产现金回收率都是越高说明企业的获取现金能力越强。

（2）流动比分析的常用公式为：现金到期的债务比＝经营活动现金净流量÷本期到期的债务；现金流动负债比＝经

营活动现金净流量÷流动负债；现金债务总额比＝经营活动现金净流量÷债务总额。

（3）收益质量分析的常用公式为：营运指数＝经营活动现金净流量÷经营所得现金；经营所得现金＝净利润－非经营收益＋非付现费用。

（4）财务弹性分析的常用公式为：现金满足投资比率＝近5年平均经营活动现金净流量/近5年平均资本支出、存货、增加、现金股利之和；现金股利保障倍数＝每股经营活动现金净流量÷每股现金股利。

第四步：具体项目分析，就是对那些能够影响企业现金流量的项目或者波动幅度大的项目进行更详细、更具体的深入分析。一般来说，具体项目分析最常用的项目有：投资活动产生的现金流量净额、经营活动产生的现金流量净额、销售商品收到的现金、筹资活动产生的现金流量等。

第七节　企业资产负债表分析

资产负债表分析，可以帮助企业老板对企业债务规模、债务结构有更深入、具体的认识，从而更客观、科学地评估企业的短期偿债能力和长期偿债能力，对企业的举债能力做到心中有数。

资产负债表分析，主要是采用定量分析和定性分析相结合的方式，对于各种因素对企业资产负债的影响进行全面分析。总的来说，对企业资产负债表的分析主要着重于对一些经过计算的相对比率或相对指标进行对比。

资产负债表分析的内容包括：短期偿债能力分析、长期偿债能力分析、流动资产变现能力分析。

1. 短期偿债能力分析

短期偿债能力分析的常用指标包括：流动比率、速动比率、现金比率、营运资金周转率等。

流动比率＝流动资产/流动负债，该指标主要用来反映企业偿还债务的能力，一般应保持在2∶1的水平。如果流动比率过高，则说明企业资金没有得到充分利用，反之若比率过低，则说明企业偿债的安全性较弱。

速动比率＝（流动资产－存货－预付费用－待摊费用）/流动负债，通常该比率应为1∶1，但在实际工作中，该比率（包括流动比率）的评价标准还应根据行业特点来判定，不能一概而论。

现金比率＝（货币资金＋有价证券）÷流动负债，一般来说，企业的现金比率越高，说明企业的变现能力越强，短期偿债能力也比较强。此指标可以与存款周转率、应收账款周转率一起来评估企业短期偿债能力。

营运资金周转天数＝存货周转天数＋应收账款周转天数－应付账款周转天数＋预付账款周转天数－预收账款周转天数。企业的营运资金周转天数越少，说明每1元营运资产所带来的销售收入就越多，本指标只可作为判断企业短期偿债能力的辅助。

2.长期偿债能力分析

长期偿债能力分析的常用指标包括：固定资产与股本之比、流动负债与资本金之比、债务与有形资产净值之比等。一般来说固定资产与股本之比越大，说明企业的长期偿债能力越好；流动负债与资本金之比越小，则说明企业长期偿债能力更好；债务与有形资产净值之比越小，则说明企业的长期偿债能力越有保障。

3.流动资产变现能力分析

流动资产变现能力分析的常用指标包括：应收账款周转率、存货周转率等。

应收账款周转率，表示企业从获得应收账款权利到收回款项、变成现金所需要的时间，即企业在某一时段赊销净收入与平均应收账款余额之比。应收账款周转率越高，说明应收账款的收款速度越快，企业的流动资产变现能力越强，需要注意的是，应收账款周转率不等于企业流动资产变现能力，流动资产变现能力还会受到其他因素的影响。

存货周转率（次数）=销售成本/平均存货余额（还有一种是存货周转率（次数）=营业收入/存货平均余额，该式主要用于获利能力分析）。一般来说，企业的存货周转率越高，说明企业存货变现能力越强。存货周转率不可单独作为企业流动资产变现能力的评估指标，需与应收账款周转率等指标进行综合分析。

此外，企业老板在分析资金负债表时，还要注意以下三个重要指标：

（1）净资产比率＝股东权益总额/总资产，该指标主要用来反映企业的资金实力和偿债安全性，它的倒数即为负债比率。净资产比率的高低与企业资金实力成正比，一般在50%左右（特大型企业的参照标准应有所降低）。如果该比率过高，则说明企业财务结构不合理。

（2）资本化比率＝长期负债/（长期负债＋股东股益），该指标主要用来反映企业需要偿还的及有息长期负债占整个长期营运资金的比重，因此不宜过高，一般应低于20%。

（3）每股净资产＝股东权益总额/（股本总额×股票面额），该指标说明股东所持的每一份股票在企业中所具有的价值，即所代表的净资产价值。一般来说，该指标越高，每一股股票所代表的价值就越高，但也应与企业的经营业绩相区分，因为每股净资产比重较高可能是由于企业在股票发行时取得较高的溢价所致。

第八节　运用财务管理手段发现企业盈亏平衡点

企业销售额达到多少才能不亏本？企业销售额超过多少才能开始盈利？作为企业老板，对这两个问题一定要做到心中有数，只有这样，才能制定出合理的企业业绩目标和公司发展战略。

这两个问题并不复杂，本质上都是企业盈亏平衡点的问题。所谓企业盈亏平衡点，即企业全部销售收入等于全部成本时（销售收入线与总成本线的交点）的产量，也叫保本点、零利润点、损益分歧点、盈亏临界点、收益转折点等。通俗来说，就是当企业的销售收入高于盈亏平衡点时，企业就实现盈利，少于盈亏平衡点时，就亏损，等于平衡点时，则说明企业不亏也不赚。

那么，对于企业老板来说，怎样才能知道企业的盈亏平衡点呢？一般来说，企业盈亏平衡点既可以用销售额来表示，即企业盈亏平衡点的销售额，也可以用销售量来表示，即企业盈亏平衡点的销售量。我们可以运用财务管理手段和财务计算方法来找到企业的盈亏平衡点。

具体来说，常用的企业盈亏平衡点计算方法有：根据固定费用、产品单价与变动成本计算保本产量的盈亏平衡点；计算保本产量，根据产量与目标利润计算最低销价为盈亏平衡点；分析找出固定成本与变动成本，计算盈亏平衡点。

（1）根据固定费用、产品单价与变动成本计算保本产量的盈亏平衡点十分简单［计算公式为：盈亏平衡点（需要多少产量才能保本）＝固定费用／（产品单价－变动成本）］。我们只需知道企业的固定成本或固定费用、产品单价、材料成本或变动成本，就能够根据公式计算出需要多少产量才能保本。

（2）计算保本产量，根据产量与目标利润计算最低销价为盈亏平衡点［计算公式为：（固定费用＋维持企业运转的利润）＋（产量×单位变动成本）÷产量］。

（3）分析找出固定成本与变动成本，计算盈亏平衡点。

收入－成本＝利润，成本＝固定成本＋变动成本，所以利润＝收入－（固定成本＋变动成本），企业的盈亏平衡点就是利润为零时的状态，所以我们可以根据收入－（固定成本＋变动成本）＝0来推算出企业的变动成本，再根据盈亏平衡点＝固定费用÷（产品单价－变动成本）的计算公式，可得到盈亏平衡点。

企业老板要想精准地计算出企业的盈亏平衡点、确定好企业产品的最低售价、制定合理的企业利润目标，不能仅靠自己的"三脚猫"财务知识，而是要充分发挥财务员工的专业优势，通过对财务工作的管理，来形成固定的盈亏平衡点测算制度，要求财务部门定期呈交相关的测算结果，以更好地为企业发展服务。需要注意的是，企业老板在分析企业盈亏平衡点时，还要善于挖掘信息，比如固定成本能否再缩减、变动成本是否有可压缩的空间、产品售价是否还有更优的方案等，只有多观察、多思考，才能更精准地把握企业的经营管理状况，为企业的发展添砖加瓦。

第四章

税务筹划：
合理合法避税就这几招

第一节 "十九大"个税和社保改革如何应对

党的十九大报告明确提出,要深化税收制度改革。个税作为重要的政策工具,在"十三五"期间迈出了实质性的改革步伐:

2018年10月1日,个人所得税第一步改革实施,减除费用标准提高至5000元/月,并适用以下最新税率。

不超过36000元的部分,不超过3000元的3%;

超过36000元至144000元的部分,超过3000元至12000元的部分10%;

超过144000元至300000元的部分,超过12000元至25000元的部分20%;

超过300000元至420000元的部分,超过25000元至35000元的部分25%;

超过420000元至660000元的部分,超过35000元至55000元的部分30%;

超过660000元至960000元的部分,超过55000元至80000元的部分35%;

超过960000的部分,超过80000元的部分45%。

2019年1月1日,个人所得税第二步改革实施,增加住房、教育、医疗、赡养老人等6项专项附加扣除，实现了税制模式的根本性转变，标志着综合与分类相结合的个人所得税制全面实施。

2020年，顺利完成了个税改革后首次综合所得年度汇算。税务部门充分利用移动互联网、在线支付等新技术提供多种方便、快捷的纳税服务渠道，尤其是在个人所得税APP上向纳税人提供预缴税信息、在线退补税等服务，大大减轻了纳税遵从成本。

对于企业来说，个税改革大大减少了普通企业职工个人所得税的缴税金额，变相增加了企业职工的收入。企业应积极督促员工如实填写专项附加扣除项目，及时按规定进行年度汇算等，协助员工一起做好个税的依法缴纳工作等。

2018年8月20日，国家税务总局、财政部、人社部、国家卫健委、国家医保局5部门在京联合召开专题会议，决定2018年12月10日前要完成社会保险费和第一批非税收入征管职责划转交接工作，自2019年1月1日起由税务部门统一征收各项社会保险费和先行划转的非税收入。

国家税务总局成立社会保险费司，社会保险费司负责基本养老保险费、失业保险费、工伤保险费、基本医疗保险费和生育保险费等社会保险费以及有关非税收入的征管职责划转、落实以及后续的征收管理各项工作。

这意味着国家对社保的征管力度加大了，企业必须要依法给员工缴纳社保，否则将会受到联合惩戒。

此次社保改革，对于企业来说也有利好消息，十类员工可以免交社保，能够大大降低企业的用工成本。符合免交社保政策的员工包括：返聘的退休人员、签订实习协议聘用的实习生、承包商派遣人员、停薪留职人员、协保人员、非独立劳动的兼职人员、个体户外包企业业务、非全日制用工、灵活就业人员、劳务派遣人员。

面对社保改革，企业可以通过调整员工结构、用工制度等，合法合规地减少企业员工缴纳社会保障金的人数，此外还可以借助高工资员工的收入结构调整，进一步节省员工的社保缴纳成本。

第二节　如何保障企业财税安全

"财务人员非法挪用企业资金""公司出纳携款潜逃"……诸如此类的新闻不胜枚举，如何保证企业的财税安全一直是企业老板必须面对的重要课题。为了尽可能保证企业的财税安全，不少企业老板喜欢让亲属担任财务工作，尤其是小型家族式企业，此类现象更为普遍。

但让亲属承担财务工作就万无一失了吗？事实上并非如此，某民营公司老板，让弟弟担任出纳，妻子担任财务经理，理论上来说，出纳和财务经理都应该极力保证公司的资金安全，但实际上却出现了老板弟弟因深陷网赌多次从公司的账户支取资金用于还赌债的情形，总涉案金额高达百万元，严重影响了企业财务的正常运转。

沾亲带故的财务人员，是否能真正维护企业的利益，保证企业的财税安全还需进一步考量。仅凭亲属关系就盲目信任，对于企业的经营和发展来说是非常危险的，主管财务的妻子挪用企业资金补贴娘家、担任财务工作的亲属挪用企业资金用于炒股投资、为争夺企业控制权而在企业财税方面做手脚等现象屡见不鲜。

企业老板必须要意识到：在巨大的利益面前，人性经不起考验，依靠亲属关系来确保企业财税安全是非常不稳妥的，只有强有力的监管才能真正保护企业的财税安全。

那么，具体来说，要怎样保障企业的财税安全？

1. 搭建完善的企业财税管理制度

制度管人远比人管人更高效、有力得多。企业老板一定要重视企业财税管理制度的搭建和完善。今天，计算机早已成为企业财税工作的重要工具，借助计算机和互联网搭建层层审核、流程化管理的财务、税务体系是越来越多企业的正确选择。企业可以充分借助财税软件、财务系统、报税系统、财务管理平台等，制定出规范的、相互制约、相互监督的管理制度。

2. 巧用第三方财税机构

市场上有很多为企业提供专门财税服务的第三方公司或专家团队，企业老板完全可以聘请第三方财税机构团队，来对企业内部的财税工作进行审查、分析。一是可以发现企业内部财税工作中的问题、漏洞；二是能够对企业内部的财税工作人员形成一种违规必被发现的"威慑"，使其不敢轻易违规操作；

三是可以从更专业的角度给企业的财税工作提出更好的调整或改进建议。

3. 不断提升财税人员的业务能力

没有过硬的业务能力，往往会出现犯错而不自知的情况，必然就难以保障企业的财税安全。企业老板要重视财税工作人员的业务能力，要求其加强对财务、税务专业知识的学习，紧跟国家的新要求、新规定，第一时间了解研究税收优惠等相关政策，只有这样才能通过财税筹划提高企业财税管理水平，降低企业成本，增强企业竞争力。

4. 建立并完善企业内部监管

可以采取定期检查和不定期检查的方式，来强化企业对财税相关工作的监管。定期检查，比如固定时间点（如月底、年底等）的内部审计，老板要及时查看固定时间点的财税盘点结果，重要指标要进行实际调查和核对。不定期检查，即老板可以采用无规律突击的形式，组织力量在财税工作人员没有任何准备的情况下对其工作进行检查，此举可以避免财税人员蒙蔽账目，以帮助老板了解到最真实、最直接的财税管理信息。

总的来说，企业的财税安全是一项长期工作，企业老板要时刻关注企业财税安全方面的建设，切不可掉以轻心。

第三节　如何降低企业赋税、提升利润

依法纳税是每个企业应尽的义务。不同的企业因行业不同、规模有大有小，其需要缴纳的税费也各不相同，这里我们着重介绍一般企业必交的三种税：增值税、企业所得税、个人所得税。

营业税改增值税后，增值税成为所有企业都绕不开的税种。不管企业的经营范围是什么，规模怎么样，都会涉及增值税的交纳。对于小微企业，国家有一定的免税额度，不超过额度的部分可以免税，但需要注意的是，免税额度属于税务优惠政策，增值税申报工作还是要正常进行。

企业所得税的税率为25%，但符合条件的小型微利企业，减按20%的税率征收企业所得税，国家需要重点扶持的高新技术企业，减按15%的税率征收企业所得税。

企业本身不缴纳个人所得税，但企业员工的工资、股东分红等，都需要缴纳个人所得税，企业要做好代扣代缴工作，一旦出现代扣代缴不足额的情况，作为法定的扣缴义务人，企业是要承担相应责任的。

增值税、企业所得税、个人所得税占据着企业赋税的大部分，对于企业来说是"大税"，也是税务筹划的重点。

一般来说，我们可以通过以下几种方法来合法合规地降低企业赋税。

1. 税收优惠政策

国家对企业有专门的全国性税收优惠政策：一是研发费用可以按175%进行企业所得税的税前扣除，减轻税负；二是高新技术企业可少缴10%的企业所得税；三是小型微利企业（年应纳税所得额等于或低于50万元）所得减按50%计入应纳税所得额，按20%的税率缴纳企业所得税；四是年终奖的个税计税方法更优惠，可以将日常的过节费以年终奖的形式发放。

要想充分享受到国家税收优惠政策，就要时刻关注国家对企业税收政策的调整，以2020年为例，新型冠状病毒肺炎疫情的蔓延，导致很多企业无法正常开工，进而造成了巨大的经济损失，国家为了进一步推动企业的复工复产，避免企业倒闭潮、员工失业潮的发生，实施了一系列税种的减税降费以及退税、社保减半等政策。及时关注了解国家对企业税收政策的调整，可以帮助企业避免因"消息不灵通""不知道有优惠""没有及时申请错过了优惠"等造成的经济损失。

2. 地域性税收洼地

需要注意的是，全国各地对企业的税收政策是有差异的，一些地区的政府为了发展当地经济，设立了各种各样的创业园区、经济开发区、经济特区、创客中心等，并配套了专门的企业扶植政策，比如入驻3年内免征某些税费或减免办公场地租金等。作为企业老板，要有全局思维和眼光，从全国或全世界的高度，充分了解全国各地、全世界各地的地域性税收政策，发现税收洼地，并结合企业的具体实际情况来享受地域性税收洼地带来的优惠政策，减少企业税负、增加企业收入。

第四节　企业分红个税如何降低

分红是企业老板、股东、持有股份的高管等都非常关心的一个话题。不少老板说到分红都会非常"肉痛"，明明公司有1000万利润，可分红到手居然只有600万，约等于直接砍掉了一半。

为什么需要缴纳的税金这么多？这些税金都是由哪些税种构成的？企业利润在进行分配之前，必须要先缴纳企业所得税，除高新技术企业、小型微利企业等可以享受一定的企业所得税优惠外，其他企业适用的企业所得税税率为25%，也就是说企业1000万的利润，需要缴纳企业所得税1000万×25%=250万。

按照《个人所得税法》规定：股东取得的利息、股息、红利所得也应该征收个人所得税，适用比例税率，税率为20%。也就是说企业1000万的利润，需要缴纳的个人所得税为（1000万－250万）×20%=150万元。企业利润1000万－企业所得税250万元－个人所得税150万元=600万元，也就是最终拿到手只有600万元。

这还是忽略了计提法定盈余公积金的因素，倘若还需要扣减计提法定盈余公积金，那么最后拿到的钱还会少于600万元。

那么，企业分红个税有没有合理避税的方式？怎样筹划可以达到节税的目的呢？

通常可以通过间接持股的方式来节税。

1. 采用合伙企业形式

合伙企业没有企业所得税，只需在分红后缴纳个人所得税。比如可以多个自然人合伙成立一家有限公司（或合伙企业），让其成为公司股东（或合伙人），自然人间接持股。合伙企业对外投资分回的利息、股息、红利，不并入企业的收入，而是作为投资人个人取得利息、股息、红利所得，只需缴纳个人所得税即可。

2. 成立个人独资企业

可以通过直接成立一家个人独资企业的方式来享受核定征收。核定征收后就不必再缴纳企业所得税和分红税，只需要缴纳0.5%～2.19%的个人经营所得税即可。独资企业老板要想提取企业利润，除0.5%～2.19%的个人经营所得税外，再缴纳增值税3%、附加税0.18%就可以把剩下的钱都提到自己的个人银行账户上了。

3. 将企业设立在税收优惠地区

此外，将企业设立在有财政返还或税收优惠的地区，也是降低企业分红个税的有效方式。有些地区为了鼓励经济发展，有诸如返还增值税和企业所得税的相关政策，也就是说可以少交一定比例的增值税或企业所得税，税金变少了，自然能够分到手的钱就会变多。在税收优惠地区设立企业，不仅可以享受到更好的税收优惠政策，还能享受到投资退出的低税负。需要注意的是，在成立公司前，一定要提前做好功课，确定出合理的股权结构，这样不仅可以为自然人股东分红的税务筹划预留出空间，还可以有效避免因股权而导致的企业内部问题。

第五节　无票收入、支出如何解决

无票收入，即没有开具发票取得的收入，通常金额很小，在产品单价低的终端零售行业最为常见，比如向消费者卖出一袋牛奶、一瓶水的收入等。尽管无票收入没有发票，但这部分收入也属于企业的应税收入，是需要依法进行申报的。

在企业的实际经营过程中，无票收入产生的情形不同，对方既可能是个人，也可能是小公司、工作室、个体户，有的直接要求不开具发票，有的当期尚未要求开发票，不管是什么情况，只要是无票收入，就要严格依据收入确认条件，应当期确认为收入的，就要纳入企业收入中，并按照正常流程，在规定的时间内进行纳税申报。

无票收入的报税工作很简单，税控系统中有专门针对无票收入的信息录入窗口，按照实际情况填写申报即可。需要注意的是，无票收入在报税前，需要核实一个问题，即对方是不再开具发票还是延期再开具发票，倘若是延期开票的情况，则最好等到开票后再做收入，这样可以更好地避免税务申报上的调整。

无票收入的最大税务风险在于没有按时进行纳税申报，无票收入本身并不存在税务风险，企业要做的是，加强对无票收入报税的管理工作，及时做好无票收入的报税工作，避免无票收入的漏报、瞒报、不报、少报等，以免给企业带来不必要的税务上的风险。

无票支出，简单来说，就是钱花了，但没有拿到发票。比如企业因产品质量出现问题，给客户支付了一笔赔偿金，客户收到赔偿金后不开具发票。在企业的实际经营过程中，无票支出的产生原因五花八门，比如小企业食堂每天在菜市场的采购、购买零散小金额的物品、员工去村镇出差住宿、办公室下水道疏通、新员工办理门禁、配钥匙等都难以取得正式发票。一般来说，越是小企业，无票支出的情况越普遍。

无票支出的产生除了一定的客观因素外，还与企业老板"贪小便宜"的观念和行为有着十分密切的关系。一些老板在企业购买商品或服务时，一心只想少花钱，明明可以开票但由于不开票可以享受更低的价格，于是选择了不开发票。

俗话说"贪小便宜吃大亏"，有时候看似不要发票更省钱，殊不知很可能是丢了西瓜捡芝麻。

A公司购买了一批货物，如果开增值税发票的话，需要支付对方100万元货款，如果不要发票的话，则只需支付90万元货款即可。表面看起来，当然是不开发票划算，但可不要忘了企业还要缴纳税金，有发票与没有发票所需要缴纳的税金可是有差异的（见表4-1）。

表4-1 开具增值税发票与不开发票的实际支出对比

项目	开发票	不开发票	差异
采购价格	100	90	10
进项税抵扣	11.5 100÷（1+13%） ×13%		−11.5
入账成本	88.5 100−11.5	90	−1.5
税收影响		90×5%=4.5 90×10%=9 90×25%=22.5	−4.5 −9 −22.5
实际总支出	88.5	94.5、99、112.5	−6 −10.5 −24

从上述开具增值税发票与不开发票的实际支出对比不难看出，不开发票的做法反而会给企业带来经济损失。企业在实际经营过程中，不能单纯的看到不要发票省钱就直接放弃索要发票，而是应当根据企业的实际情况对开具发票和不开具发票的成本进行系统的分析与对比，只有这样才能真正让企业省钱。

对于无票支出，一定要如实入账，不入账或者挂账往来会产生一定的税务风险，有些企业的财务人员会把无票支出直接入账成本费用，这种做法也是不可取的，也会存在较大

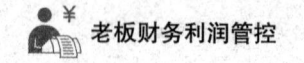

的税收风险。

要想规避税务风险，就一定要如实入账，在汇算清缴时，根据实际情况进行纳税调整。需要特别注意的是，发生无票支出后，企业千万不能因缺发票而去购买发票。无票支出在汇算清缴时没有发票，也没有主动调整的，被视为偷税，企业偷税一般只是处于不超过 5 万元的罚金。一旦企业购买发票，则会被定性为虚开发票，企业虚开发票基准刑为有期徒刑六个月，虚开的税款数额每增加 3000 元或实际被骗取的税款数额每增加 1500 元，刑期增加一个月。虚开增值税专用发票税款数额 10 万元或使国家税款被骗取 5 万元的，或有其他严重情节的，基准刑为有期徒刑三年；虚开的税款数额每增加 6000 元刑期增加一个月。

总的来说，不管是无票收入还是无票支出，都必须按照税务的相关规定及时申报，只有这样才能避免因此而带来的税务风险。

第六节　合理合法节税避税

偷税漏税违法，但合理的节税避税完全可以在合法的范围内，有效减轻企业的税收压力。在企业实际经营过程中，常常会有一些企业因为对税务知识存在盲点、不清楚合理合法避税方法等,而导致企业多缴税甚至是被税务局罚款等,给企业造成了不必要的经济损失。

那么,对于企业来说,究竟怎样才能合理合法节税避税?

1. 创业公司的节税技巧

创业公司常常会出现技术入股的情形,不管是企业老板还是员工,如果拥有专利且将其提供为公司使用,那么最好对专利或技术等进行合理估价,然后签订正式合同以有价入股的形式确定下来。这样一来,专利可被视为企业的无形资产,可通过摊销计入成本,就能够实现减少利润、少缴税款的目的。

提高员工工资,追加对企业财产、员工、运输工具等的保险费,也可以减少利润、少缴税。需要注意的是,只有在不超过计税公司的范畴内提高员工工资才能够更好地实现节税的目的。在实际操作过程中,要根据企业的实际情况,反复计算对比,以找到最优的解决方案。

2. 常用的节税避税方法

被认定为高新技术企业的科技服务企业,减按 15% 的税率征收企业所得税,研发投入可以进行研发费用确认享受所得税加计扣除优惠。高新技术企业不仅可以享受国家的税务优惠,还可能获得所在地政府的奖金等。倘若企业的业务涉及科技、技术、创新等,则可以积极参与高新技术企业的认定工作。

聘用失业人员、建档立卡贫困人口和残疾人等群体,可以享受国家相关的税务优惠政策。以企业安置残疾人员为例,在增值税方面，主要依据企业安置残疾人的人数，实行限额即征即退增值税的办法。企业在招聘一些基础性岗位、技能门槛低的岗位时，可以有计划地向失业人员、建档立卡贫困人员以及残疾人等弱势群体倾斜，既可以帮助弱势群体，承担社会责任，又可以降低企业的税务负担，可谓一举多得。

同样发福利，过节费会计入当月工资缴纳个人所得税，而年终发放双薪则可以单独作为一个月的工资薪金计算个人所得税，不必与当月工资合并缴纳个税。所以企业可以通过不发过节费改发双薪的方式来减少员工的个人所得税负担。

税务机关实施"以票控税"，千万不要因为不开发票便宜就不开票，不拿发票往往会多缴税，因此企业一定要重视发票，企业的所有支出都要尽可能取得合法凭证，这是企业节税的重要方法。

众所周知，企业的增值税率为17%，但实际上具体到不同的行业税率也会有所差异，比如图书行业的增值税率为13%。要想更好地节税避税，就一定要注意行业间的税务政策特例。

此外，当企业的银行存款不足以支付当期工资或支付员工工资后不足以支付企业应交税金时，可以申请延迟缴税，需要注意的是申请要及时，要按照规定办理企业延期缴纳税款的手续。

第七节　税务风险管控与稽查应对策略

企业税务风险管控主要通过纳税筹划来实现，一般来说，企业进行纳税筹划的风险主要有竞争风险、经济风险、经营风险、意识形态风险和政策风险。要想做好企业的税务风险管控，我们要对纳税筹划的常见风险有一定的了解和认识。

（1）竞争风险，简单来说就是企业因对纳税筹划缺乏全面认识导致的竞争实力降低风险。旗鼓相当的两家企业，一个做了非常合理的纳税筹划，另一个则什么都没做，结果必然是有差异的，善于纳税筹划的企业可以减轻企业税负，增加利润，获得更强大的竞争力。

（2）经济风险，顾名思义就是企业因纳税筹划成本难以收回而产生的经济损失风险。诚然企业纳税筹划可以减轻企业税负，倘若减轻的企业税负不足以覆盖因纳税筹划而产生的支出，那么从经济效益上来说，企业就会因此而遭受经济损失。

（3）经营风险，即所有的纳税筹划都是建立在对企业经济活动的预测基础之上的，一旦企业的经济活动出现异常，与预测的差异巨大，则会影响纳税筹划的实现，甚至可能导致企业面对沉重的财务负担。

（4）意识形态风险，就是纳税的企业与征税的国家机关存在意识形态和认知上的差异，这种差异会带来纳税筹划的风险，比如筹划方案的合理性和合法性认定主要取决于税务机关，而非企业的财务人员。

（5）政策风险，纳税筹划属于一种事先规划，一旦政策发生变化，就会导致纳税筹划方案不再合理、合法。企业开展纳税筹划，必然会承受政策变化方面的风险。

基于纳税筹划的风险，企业要想做好税务风险管理，可以从健全企业税务风险管理体系着手。一是强化企业税务风险文化建设，增强管理层对税务风险的认识，形成对税务风险零容忍的企业文化；二是建立符合企业经营规模、管理现状和发展规划的税务风险管理制度，涉税人员实行税务风险管控责任制，确保税务风险管控的有力执行；三是定期对企业的税务风险进行评估，并有针对性地分析原因、讨论对策，降低税务风险的发生几率和影响程度；四是制定税务风险应对方案，并对其进行动态跟踪、监控和优化；五是建立税务风险管理考核机制，有考核才能更有执行力，才能真正确保税务风险管控措施落到实处、起到作用。

《税务稽查工作规程》第三章第十四条规定："稽查局应当通过多种渠道获取案源信息，集体研究，合理、准确地选择和确定稽查对象。"一般来说，企业被选择成为稽查对象，虽无法断定企业存在税收违法行为，但极大可能会存在着不合规行为。被选择为稽查对象后，企业会面临检查、审理以及执行程序，并收到《税务处理决定书》《税务行政处罚决定书》《不予税务行政处罚决定书》《税务稽查结论》等文书。

如果企业被税务机关选择成为稽查对象，千万不要慌张，做好税务稽查的专业应对才是关键。首先应查看、确认稽查人员的税务检查证和税务检查通知书，对方拒绝出示的，企业有权拒绝检查，对于依法依规的税务稽查，企业应积极配合，千万不能故意藏匿、销毁涉税材料，否则不仅不能解决问题，还会增加企业的涉税风险。专业律师进场后，企业要充分配合律师工作，通过律师与税务部门进行有效沟通。最后，得知企业被选择为稽查对象时，就要积极做好复议和诉讼的准备。

总的来说，企业应对税务稽查时切不可动什么歪脑筋，以免弄巧成拙增加企业涉税风险，专业、正面的应对策略才能最大限度地降低法律风险。

第五章

现金管理：
有效提高现金流周转率

老板财务利润管控

第一节　现金流是企业的血液

何谓现金流？我们可以通过下面这个故事来认识和理解现金流。

一个人出差住旅馆，交了500元押金。旅馆老板拿着这500元押金支付了在肉铺店里的买肉钱；肉铺老板拿着这500元去了屠宰厂，把进肉的钱结了；屠宰厂的人去乡下买猪时，把500元给了农夫；农夫用这500元去饲料厂买了饲料；饲料厂的业务员去推销饲料，在一家旅馆住下，也交了500元押金，这家旅馆正是故事开头那家旅馆。正在这时，第一个人退房，旅馆老板把押金退给了他。

在这个故事中，从头到尾都是同一个500元，但正是这500元解决了所有问题，这就是现金流动在起作用。

现金的概念很好理解，即我们手中所持的能消费的资产。但现金流中的现金并非通常我们所理解的手持现金，而是指企业的库存现金和银行存款，其中包括现金等价物，例如企业持有的期限短、流动性强且容易转换为已知金额现金、价值变动风险很小的投资等。也就是说，现金流中的现金包括现金、可以随时用于支付的银行存款和其他货币资金。如果没有特殊说明，一般来说，企业的现金流指的是现金流入和现金

第五章 现金管理：有效提高现金流周转率

流出两个方面。销售商品、出售固定资产、提供劳务、借入资金等，形成的是现金流入；购买商品、现金投资、偿还债务、购建固定资产等则能形成企业的现金流出。

对于企业来说，现金流极为重要，企业的经营状况的好坏、偿还债务能力的高低、资产变现能力的强弱，都可能通过现金流体现出来。所以，有人认为，现金流比传统的利润指标更能真实反映一个企业的盈利质量，即从现金流能全方面地了解一个企业的实力。一个盈利的企业，一定是现金流进来的多流出去的少，这样的企业才是健康的，否则，入不敷出，企业便会面临资金链的断裂，很可能会面临破产的威胁。

所以现在很多企业管理者和经济专家认为，现金流是比销售收入和利润更重要的指标，甚至有专家认为，未来谁掌握了现金流，谁就是真正的赢家。那么，现金流对企业的影响包括哪些呢？

（1）现金流影响企业的投资决策。现金流是企业评价项目可行性的主要指标。投资项目可行性评价的方法主要有动态法和静态法，动态法以资金成本为折现率，进行现金流折现，如果现金流大于零或现值指数大于1，说明这一投资值得投入，反之，则要小心，最好不要轻易投入资金。如果非要投资，则可能会给企业带来不必要的风险。简单说，企业的财务状况越好，现金净流量也就越多，所需资金也就越少，反之，则正好相反。而企业的筹资额不是盲目投入的，而是要通过现金流量表来确定。

（2）现金流影响企业的盈利水平。上文讲过，现金流不同于手中的现金，而是一项极为特殊的资产，因为现金流动性大，可以衡量企业短期偿债能力和应变能力，而且，现金虽然重要，但其却只能产生少量利息收入，本身获利能力并不高。也就是说，过高的现金存量势必会造成企业损失机会成本的可能，有弊必有利，即使如此，如果企业的管理者和财务人员对资金的流动性和收益性做出权衡，能使现金流既能满足需求，又不过多囤积资金，即能有效组织现金流，同样会使企业产生相应的盈利。

（3）现金流影响企业的资信。对于一个企业来说，如果现金流正常、充足、稳定，能支付到期的所有债务，企业资金运作有序，企业破产或倒闭的风险便会变小，企业的资信也会变高。反之，风险则会变大，资信也会随之变小。

（4）现金流影响企业的价值。在很大程度上，企业价值的大小取决于投资者对资产的估价，而在估价方法中，现金流是决定性因素。企业在未来年度的现金流及其投资者的预期投资回报率决定估价的高低，企业流入的现金越充足，企业投资风险便会越小，投资者要求的回报率便会越高，企业的价值也就越高，反之，价值则越小。

（5）现金流关系到企业是否有破产的可能。《中华人民共和国破产法》明确规定，企业因经营管理不善造成严重亏损、不能清偿到期债务的，可依法宣布破产。其中，破产的界线需要通过对现金流的分析得出。

总之，现金流是企业的血液，它好比人体内的血液一般，没有了血液便不能存活。对于一个企业来说，不管有多少固定资产，有多少库存，如果企业的现金周转不畅或调度不灵，甚至是资金链流断裂，它便失去了经营下去的可能性。

第二节　企业现金循环路径与周期

既然现金流在企业中像血液一样不可缺少，那么，它必然也要像我们人体中血液一样不断循环流动着，如果僵固在某一处，势必会造成血液的堵塞，血液流动不通，企业也便失去了活力，对企业的发展则会造成阻碍，严重者，甚至会破产。

一般来说，企业的现金在企业中的循环路径大致都是相同的，即使有差异，也是万变不离其综。

在企业创立之初，初创者会通过股权或债权筹措到资金，再用筹措来的资金购买各种企业运营需要的材料，其中包括原材料、厂房设备等固定资产，此外，企业还要雇佣员工；有了原材料、厂房和员工，便可以组织基本的生产了。生产出产品或服务后，企业便要想方设法通过现金或信用方式将其卖给客户；企业将回收来的货款用于支付股东红利、对债务的还本付息和纳税等，并将剩下的资金转为留存收益用于再投资。于是，现金循环的路径便完成了。

其中，还有个问题需要企业的管理者特别注意，即在这一循环路径中，不同的售货方式和不同的筹资方式会对现金流造成影响。对于现金流来说，当期不能回收的应收账款坚决不能作为现金流入企业并予以使用，这也是现金流与利润的不同之处。对企业的利润来说，在实现销售的同时，现金销售可作为计算当期利润的数据予以使用，所以说，当期利润与现金流在数值上并不对等，这也是很多企业看起来盈利却往往经营不乐观或是破产的原因之一。

在了解现金流循环路径的同时，还要认清一个概念，即现金循环周期。

现金循环周期是企业在经营中从付出现金到收到现金所需的平均时间。现金循环周期决定企业资金使用效率。据经济专家分析，经营良好的企业在现金周期上会比一般企业短40～65天。美国学者法罗斯教授更是提出了现金周期模型，认为现金周期缩短是企业效益提升的一个关键指标。

现金循环周期可以用下面的公式来表示：

现金循环周期=存货转换期间+应收账款转换期间-应付账款

递延期间=生产经营周期-应付账款平均付款期

现金循环周期的变化会直接影响所需营运资金的数额。一般来说，存货转换期间和应收账款转换期间越长，应付账款转换期间越短，所需营运资金数额会越大；否则，存货转换期间和应收账款转换期间越短，应付账款转换期间越长，所需营运资金数额就越小。此外，营运资金周转数额还受收益要求、偿债风险和成本约束等因素的制约。这些虽然在公式中没有表示，但从连带的关系中可以推断出来。

我们可以通过下面这一案例更深入地了解这一公式。

一家手机生产企业，预测到当地的手机需求是5000部，于是，这家企业开始了一个现金循环周期。

首先，该企业订购了生产5000部手机所需的零部件，因这一行业采购原料、零件习惯上会实行信用赊购方式，所以，这项交易会发生应付账款。

其次，该企业的员工开始组装零部件使之成为电脑成品，当然，这一阶段所雇佣的若干劳动力需要企业向其支付工资，产品完成时，工资并未全部支付，所以，在这一阶段会发生部分应付工资。

手机生产出来以后，便是以信用销售的方式售出，即出售给售卖手机的店铺或营业厅，这一阶段会发生应收账款，并没有立即流入的现金。

在收回应收账款之前，企业必须支付采购原料、零部件时的应付账款及雇佣员工的应付工资，这一阶段会发生现金净流出。

最后，当企业收回应收账款时，现金循环便完成了，同时，这也是一个相对完整的循环周期。

现金循环周期是用来衡量现金的周转速度。在商业活动中，这一公式可以用一个很简单的资金流动循环形式表示：现金购买库存→库存产生销量→销售带来应收账款→应收账款必然转化为现金，即这一节前面所讲的现金循环路径。

从理论上说，现金循环的天数越短越好，且最好是零，这样的话，在整个现金循环路径中就不需要企业用自己的钱了，即用流动资金便可以为自己赚钱。如果速度太快，现金循环周期太短，该指标便为负数，应付账款的时间则会远远长于应收账款的时间，企业便可以从中赢得相当可观的利润了。

举个例子，国内一些零售企业的利润来源并非靠的是销售商品，而是靠赚取负利率，比如说，某大卖场以 90 天为借款期限，一个企业承租此卖场，如果 90 天内不用还销售款，按一天销售 10 万元计算，90 天的销售额便是 900 万元，这样计算下来，企业便会有大量的现金在流动，而且，销售额越大，资金额也就越大。如果把这部分钱存到银行，就会为企业带来源源不断的存款利息。如果速度太慢，销售额小，则无法获取足够的现金来偿还债务，这时候，只能通过外部融资来为企业融得资本了。一旦企业放弃外部融资，现金流便有断裂的可能，最后，企业很有可能落得个破产或倒闭的下场。

现金循环周期也揭示了管理资产负债表的重要意义：要相应地减少应收账款的时间，加快库存的周转期，延长应付账款的时间，这样，企业便可以在收入和费用没有变化的情况下，加速企业流动资金的周转，提高企业的变现能力，实现用别人的钱来为自己赚钱的目的。

第三节　现金管理是经营管理的核心

现金管理在企业中的地位不容小觑，举个大家都比较熟悉的例子。

20 世纪 90 年代初，"巨人集团"以迅雷不及掩耳之势在中国商界取得了辉煌的成就。在一段时期内，各种媒体中的广告品牌都被巨人集团的脑白金所充斥。但正是这样一个企业，在不到 6 年的时间里便陷入了财务危机。综合巨人集团的方方面面，其衰败的原因有很多。原因之一，巨人集团在快速扩张的同时，资产规模快速膨胀，随之而来的便是企业内部管理变得浮躁而混乱。于是，各类违规、违纪、违法事件屡屡发生。原因之二，巨人集团的管理者被集团的快速成长冲昏了头脑，缺乏必要的财务危机意识、现金管理意识和预警机制，到 1996 年下半年，资金紧张时，由于缺乏与银行的信贷联系，加之受国家宏观调控政策的影响，巨人集团陷入了全面的金融危机。而正是因为巨人集团没能对企业面临的内外风险进行评估，没有看清楚风险损失有多大，而盲目涉足多元化经营，导致现金流缺乏，最终导致了巨人集团迅速衰败。

巨人集团快速衰败的经验足以说明现金管理对于一个企业的重要性。

一般来说，现金管理在企业中的地位表现在如下几个方面。

（1）现金流的管理是企业生存的基本要求。每个企业都有其不同的发展阶段，其现金流的特征也会有所不同。所以，对于企业来说，要根据企业的不同经营状况的特征，采取相应的现金管理措施，以保证企业的生存和正常运营。否则，便有可能会对企业的生存带来致命的影响。

（2）现金流管理的加强可以有效提高企业的竞争力。在市场经济高速发展的当下，竞争越来越激烈，已经达到了白热化的程度。这就要求企业在生产与管理中要不断求新、求快，对企业的生产工艺进行及时调整，以此来满足消费者千变万化的要求。在这种情况下，现金的流动性就成了决定企业运行速度的最重要因素，而通过对企业现金流的有效管理，企业便能保持良好的现金流动性，使现金的使用效率得到提高，进而提高企业的竞争力。

（3）现金流管理的好坏程度决定着企业是否健康、快速的发展。在以前很长一段时间里，利润和收入都是衡量企业发展能力的指标，但利润可以造假，而现金流却是无法造假的，即使有的企业"自做现金流"实现虚假流水，但企业运营需要的现金流也是需要真实存在的，没有了现金或出现资金流断裂，企业面临的状况只有一个，即被迫破产。而现金流可以弥补利润指标与企业实际盈利之间的偏差。于是，现金流便理所当然地成为了比利润更重要的、对企业进行考核的指标。

总之，现金流管理是现代企业理财活动的一项重要职能，建立完善的现金流管理体系，是确保企业生存、提高企业市场竞争力的重要保障。

既然现金流如此重要，现金管理便变得尤其重要了。作为一个企业管理者，初建企业时，需要足够的资金来养活团队，而且这一资金要能支撑到企业盈利为止。如果资金不足，管理者一定要对资金多少、能支撑到什么时间有个大致了解，且一定要在资金链断裂之前找到适当的投资人，让投资人的资金流入企业的账户，这样，才能保证企业不会因为资金链断裂而倒闭或破产。

现金管理的方法有如下几种，可供企业参考。

（1）严格控制成本费用的现金支出。即使一个企业很有钱，如果只出不入，钱总有花完的一天。所以，有远见的企业家一定要对现金进行必要的监督和控制，要精打细算，开源节流。其实，很多企业家已经意识到现金管理的重要性，纷纷加强了对成本费用的管理，例如，对可控现金核实指标，形成人人讲成本、管理全员化的成本控制体系，做到原料领用按定额、费用开支按标准等现金管理方法，增强企业各部门、各单位之间的竞争意识，共同促进企业经济效益的提高。

（2）合理配置闲置资金。虽然企业手里握有大量现金会相对安全，但现金却是无论如何也不能生钱的，对于一个企业来说，如果有大量的剩余现金，反而会被认为是现金流管理不当。所以，要想使企业得到更进一步的发展，一定要对这些闲置资金进行妥善规划，如从事一些获利性的短期投资，这样，既能兼顾资金的流动，又能获取相应的利润。当然，在做短期投资前，一定要衡量投资工具的安全性、收益的稳定性和变现性，否则，便会得不偿失。

（3）建立现金管理的不相容职务相互分离制度。职务分离制度一般包括以下几个方面的内容：一是单位负责人负责审批收入和支出的预算、决算及各项支出等；二是企业会计人员负责登记企业的分类账、付款记账凭证；三是出纳人员负责货币资金的收支和保管；四是财务或会计主管负责收入和支出凭证和账目的定期审计；五是电脑程序设计员负责程度设计和修改。

（4）控制保管货币资金。除出纳人员外，不经单位相关部门特别授权，不得干涉货币资金收付和保管，且不得直接接触货币资金，实行现金限额制，企业内实行现金定期突击盘点并与银行进行对账的制度，这样，如果企业的资金出现问题，便能及时被发现，及时得到处理，应对及时会使走在破产边缘的企业得到挽救。

（5）企业要优化资金使用结构。例如，企业要保持合适的流动资金限度，根据自身经营状况来决定流动资金的比例。企业的流动资金就像一条链条，科学的连结和合理的约束机制会减少浪费，进而加速资金的周转。

当然，还要强化现金管理的意识，树立现金流的概念，密切关注现金流的信息，根据不同情况编制现金流计划。只有引起高度重视，才能做好现金管理工作。

第四节　常见的资金链断裂原因

了解了现金和现金流的基本内容，对于资金链便不会陌生了。顾名思义，资金链是指维系企业正常经营运转所需要的基本循环资金链条。

对于一个企业来说，获得利润最大化是企业的终极目标之一，但是，作为经济活动的载体，企业发展到一定规模时，往往会陷入一种怪圈，即效率下降，资金周转减速，在这一怪圈的影响下，企业的正常运行则会出现各种各样的问题。除此之外，在企业初创时期，资金链也会出现各种各样的问题，只是初创时企业中各项事务纷繁，这个方面的问题并没有引起企业老板的重视，而当企业发展到一定阶段后，原有的问题便会暴露出来，随之而来的，还有一些新问题，这些问题会导致一些企业的资金链断裂，使企业出现财务风险，进而影响到企业的正常运行甚至会导致企业破产。

其实，导致资金链断裂的原因无非有以下几种。

（1）企业营运资金不足。造成企业营运资金不足的原因有很多种，如企业规模扩张过快，过度交易；存货增加、收款延迟、付款提前等原因造成企业现金周转的速度减缓，以致原有的存量资金无法满足企业日常生产经营活动的需要。当然，营运资金被长期占用也是企业运营资金不足的一个主要原因。很多时候，还会出现这种情况，企业在建立之初，资金来源不合理、不真实，部分还是借来的资金，这便造成了企业后期建设、经营时资金不足，引发资金链断裂。

（2）资金的流动能力不强。如短资长用，虽然能在一定程度上满足购置长期资产的资金需求，但会给企业造成偿债能力的下降，引起资金流动的风险。再如，增加流动负债、弥补营运资金不足，为弥补营运资金的缺口，企业用借来的短期资金来进行弥补，于是，便会造成流动负债增加引发资金的流动性风险。有时，企业为别人担保也会使自身本来就脆弱的担保能力雪上加霜。

（3）经营者管理能力弱，管理模式落后。很多企业从外部看,规模在不断壮大不断发展,但内部管理不科学、不合理、不严谨,在企业内难以形成科学有效的管理机构和切实可行的决策机制,或者是决策不能得到有效执行,使生产经营、组织管理混乱,生产经营不能按计划进行,最后的结果无疑是使企业的资金出多入少,导致资金链断裂。

(4)企业股东的自身实力不强。当企业遇到资金困难时,股东不能给予必要的支持和帮助,有的股东担心自己投入的资金受损,甚至会落井下石,在企业困难时以各种方式抽取资金,会使企业的经营更加困难。

(5)企业信用缺失。目前,企业信用越来越重要,一个企业一旦信用缺失,合作伙伴便会锐减,企业内部员工也会对企业失去信任,结果落得个众叛亲离的下场。而有些企业,为了适应市场竞争,采用过度宽松的信用政策大量赊销,在一定程度上虽是扩大了市场份额,但如果对方企业不讲信用,道德败坏,那么,企业所赊销的产品便等于羊入虎口,一去不返。如果企业赊销商品数量巨大,则可能会造成企业资金链断裂。

(6)投资失误。无论企业老板多么睿智,企业的每一项投资也不可能都是盈利的,而事实是,大多数老板即使管理能力强,但当企业发展起来后,还是会谋求扩大再发展的。而此时,一旦企业决策失误,如制定过高的不切实际的经营发展目标,不顾企业的长期发展利益,采取激进、冒险、投机性的短期手段,把资金投入到一些高风险的项目中,以致于相关的产业之间缺乏协同效应,便会使新投资的项目经营无法产生预期效益,给企业的资金链带来风险。有时,企业老板投机心理严重，在能力范围外盲目地进行多元化投资，造成资金分散，也会出现资金链断裂的危险。

此外，如果与本企业有业务合作的企业出现经营或资金方面的风险，本企业也会受到牵连。这就像一副多米诺骨牌，一个正常经营的企业往往会因为承担过多的担保责任导致资金链断裂。

当然，这些都是企业资金链断裂的常见原因。其实，资金链断裂还有一个最大的外因，即受国家宏观政策、经济环境、市场环境变化的影响。

总之，企业管理中的任何一处不适都有可能导致资金链断裂，所以，在企业的日常管理过程中，企业老板一定要高度重视现金流动情况，保证资金链的畅通，这才是一个企业保持旺盛生命力的根本。

第五节　务必重视资金的时间价值

现金流的现值和将来值并不相等，即不同时间支付的相同数量的现金流，它们的价值是不一样的。例如，现在的100元现金和一年后的100元现金，它们的经济价值是不一样的。用我们最容易理解的银行存款问题来理解，假如我们把现在的100元钱存入银行，假设存款利率为5%，那么一年之后，我们的 100 元钱便会变成 105 元，这就是现金流的时间价值。

上文已经学过现金循环的周期公式：

现金循环周期=存货转换期间+应收账款转换期间-应付账款递延期间=生产经营周期-应付账款平均付款期

在这一公式中，其中的专业术语结合上述案例可简单解释如下：

存货转换期间，是指把原材料或零部件制造为产品，并将产品售出所需的时间。

应收账款转换期间，是指应收账款收回现金所需的时间，又称为销货悬账天数。

应付账款递延期间，是指自购进原料或雇佣人工至支付价款及工资所递延的平均天数。一般来说，企业支付购料价款及工资的递延期间通常为 30 天。

现金循环周期包括上述三个期间，其长度等于自企业购买（生产所需资源）原材料及人工支付现金之日起，至销售产品收回价款之日止所经过的天数，可以衡量企业的现金冻结在流动资产上的时间长短。

假定应收账款 150 万元，销货 1000 万元，则销货悬账天数的计算方法为：

销货／应收账款=应收账款周转率

应收账款周转率越高，表示企业收账的速度及效率越好。销货悬账天数为 54 天，其意义为销货发生之应收账款转换为现金，需要 54 天。

存货转换期间与应收账款转换期间合称为营业循环周期。

根据公式：

存货转换期间＋应收账款转换期间－应付账款递延期间＝
现金循环周期

现金循环周期的天数表示为：72＋54－30＝96天

从另一个角度看，则为：

现金回收递延天数－现金支出递延天数＝净递延天数

即：（72＋54）－（30）＝96天

对企业来说，管理者应对现金循环周期有一个正确认识，因为现金周转期的长短会影响资金成本及运营效益。所以，企业管理者和企业的财务管理人员应研究缩短周期的可能途径，如可以根据自身的实际情况，压缩收款流程、优化贷款支付过程等加速现金流的周转，相应提高现金的利用效果，以提高资金运用效率及运营收益，从而增加企业的收益。

了解了现金的时间价值，便要对现金流的时间进行一定的管理。

一是延长平均应付账款时间。为了达到这一目标，可以采取的方式有：在最后时刻支付原材料、薪金、库存等成本费用，减少对外支付的频度，对供方不全额支付而是部分支付，直到应付账款实现后才对上游进行销售承诺，充分利用无息的信用卡或信用额度进行支付，等等。

二是减少平均应收账款时间。为了达到这一目标，可以采取的手段有：鼓励快速支付，利用折扣或奖励等手段增加应收账款，接受电子支付，将应收账款委托金融机构回收，等等。

三是缩短生产周期，减少库存供应天数。为了实现这一目标，可以采取的方式有：加强现金流周期管理，如控制过量库存，采用有效的生产和库存战略等，此外，还可以协同计划、预测和补货、同步供应与需求计划以及直接转运，等等。

现金流周期的缩短不仅需要企业内部的管理，也需要企业间的合作和协调。企业间通过业务流程的整合和有效的信息沟通，可以提高经营的绩效，从而加速现金周转，缩短现金流量周期。

缩短现金流量周期不仅要求供应链参与企业之间的协同作业，也要求将业务整合扩展到运输业，形成协同运输管理。其目的在于通过卖方、买方、承运商和第三方物流之间的合作，改善运输和配送过程的服务、效率和成本，等等。

为了保障资金的安全性，管理者还需要了解企业面临的财务和金融风险，了解上下游企业的财务实力和财务状况，保持足够的运行资金，支撑自身的供应链运作。只要保持资金链的畅通，企业便能保持正常运行，且能实现盈利的目的。

第六节　教你预测未来的现金流

不管从哪一方面来讲，现金流对一个企业来说都是至关重要的。所以，企业要积极做好未来现金流的预测，对现金流量表中的有关数据进行比较、分析、研究，了解企业基本的财务状况，发现企业在财务上存在的问题，为企业经营者作出科学决策提供尽可能可靠的依据。

所谓现金流预测，即是对未来几个月或几个季度内企业资金的流出、流入等进行预测，目的是合理规划企业现金收入、支出，以协调现金收支与经营、投资、融资活动的关系，保持现金收支平衡和偿债能力，同时为现金控制提供依据。

企业对未来现金流的预测可以根据时间长短分为短期预测、中期预测和长期预测。企业可以从自身实际情况出发来选择预测时间。

选择长期现金流预测，一般是从企业的整体来考虑的，例如，企业的现金流是否与发展的战略相符。而且，为了使企业的现金流预测得更加准确，企业要每年进行更新和检查，根据变动的实际情况来重新确定现金流的预期目标。

中期现金流预测则是为了帮助管理者掌握企业未来一年内现金的流动情况，很多企业在进行中期预测时，会每个月检查更新一次，以确保预测的前瞻性，以此来保证企业决策的时效性和有效性。

相对长期现金流预测和中期现金流预测，短期现金流预测更具时效性，但往往会耗用大量的人力和物力。通常情况下，期限越长，预测的准确性越差。但是，并非越短的现金流预测对企业越有利。

简单来说，企业老板或财务人员可以这样对未来的现金流做预测：

由企业的管理层明确制定未来3～5年的战略和具体发展

计划、人力资源策略等。这里所定时间为最长 5 年,专家认为,5 年以上或更长期限实现的概率过低。

以上述战略编制销售计划等,并按照未来市场预则来确定未来某个特定期间的价格及毛利率范围,以此来制作未来一年或一个月的销售现金流。

企业的生产部门和采购部门可根据销售计划编制生产计划,同时,以此来编制未来材料采购现金流和员工的需求,并制定固定资产购置预算和相应现金预测等。

企业的人事部门、行政部门和财务部门,根据过去两年费用发生情况和未来管理要求,制定费用预算,按照以往经验制作按月的费用现金来支出现金流。

企业人事部门可根据生产部门员工的需求、管理岗位人才的需求等来制作未来人力编制,设定未来薪资增幅比例和范围,并制作人力成本预算等。

掌握了预测未来现金流的手段,还要掌握预测未来现金流的手法,这是企业管理者和财务管理人员的主要工作之一。一般来说,现金流预测可以采用下面两种方法。

(1)收益调整法。这里的收益调整法指的是净收益调整法,即指对企业的净收益按实际收付现金进行调整,以此来确定企业现金流的一种方法。

(2)现金收支法。即将计划期全部可能发生的现金收支分类列出,分别测算,在此基础上确定现金余缺。

此外,在对企业未来的现金流进行预测分析时,企业的管理者或财务人员应重点了解以下问题:企业内部现金流产生能力有多强、企业是否有能力通过营业现金流来履行其短期财务责任、在不降低经营灵活性的情况下企业能否继续履行短期财务责任、为企业增长投入的资金数额为多少、企业是利用内部现金流动还是依靠外部融资、检验企业是否能够创造出营业现金盈余、评估企业偿还利息的能力，等等。

总之，现金流是企业经营的血液，任何一个想盈利的企业都应加以重视，否则，发展良好的企业也有可能会被现金流这根稻草压倒。

第六章

预算管理：
全面预算管理，充分使用资金

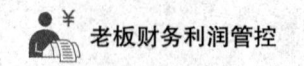

第一节　企业为什么要编制财务预算

财务预算包括：现金预算、资本预算、预计的资产负债表和预计的现金流量表等。一般来说，企业都会按照年度编制财务预算，业务预算、资本预算、筹资预算则是分季度、月份落实。

对于企业老板来说，财务预算报表是了解企业财务预算情况的重要渠道和方式，也就是说，财务报表是企业财务预算最终的体现方式。要想深刻理解企业编制财务预算的重要性，我们首先要搞清楚财务预算是如何编制出来的。财务预算紧紧围绕企业发展规划，以经营利润为目标，以业务预算、资本预算为基础，以现金流为核心进行编制，最终形成财务报表向老板反映。

一个没有财务预算的企业，就像不知道钱包里有多少钱的人，很容易会在无意识中"大手大脚"支出，从而导致负债甚至是破产。一个合理的财务预算，可以把企业的开支控制在安全线内，大大提升企业资金的利用率，从而促进企业良性健康发展，不至因资金链断裂而遭受毁灭性打击。

每个企业老板都希望实现企业合理预算，而编制企业财务预算正是实现这一目标的有效手段。总的来说，企业的财务预算主要有四大特征：

（1）财务预算建立在对财务预测和决策基础上，这个基础又必须依据企业自身的战略要求和发展规划。也就是说，企业的财务预算并不是凭空而来的，而是建立在企业现实情况、发展规划、重大决策等基础之上的，这说明企业财务预算具有非常突出的现实性特征。

（2）财务预算利用价值形式（数量和金额的形式）对企业未来一定时间内的财务活动进行规定，其中既包括企业的经营活动，也包括投、融资活动等。也就是说，财务预算具有涉及面广的典型特征，覆盖销售、采购、生产等经营活动，还涵盖企业的投资行为、融资计划等。

（3）财务预算为企业提供财务考核和奖惩标准。不看开支只看收入来对员工进行考核和奖惩显然是存在巨大漏洞的，倘若支出10万元只获得了5万元的利润，尽管从利润上看确实增加了，但实际上却给企业造成了损失。财务预算将每个部门的开支都限定到了一定范围内，可以有效避免过度开支带来的"虚假繁荣"，同时也给财务、部门、员工的考核和奖惩提供了一套行之有效的标准。

（4）财务预算可以体现一定时期的企业产供销策略，可以及时加以控制和作出必要的调整。

我们一般说的财务预算，是指企业财务总预算，也是作为全面预算体系中的最后环节的预算，它可以从价值方面总括地反映经营期各种决策预算与业务预算的结果，使预算执行一目了然。

对于企业老板来说，编制企业财务预算具有十分重大的战略意义。

（1）财务预算可以使企业老板心中的财务目标得以实现。通过财务预算，可以建立评价企业财务状况的标准。将实际数额与预算数额进行对比，可及时发现问题并且及时对偏差进行调整，使企业的经济活动按预定的目标进行，从而实现企业的财务目标。

（2）财务预算能使决策目标具体化、系统化和定量化。在现代企业财务管理中，财务预算能使决策目标具体化、系统化和定量化；财务预算又可以全面、综合地协调、规划企业内部各部门、各层次的经济关系与职能，使之统一服从于未来经营总体目标；财务预算还能让企业有关生产经营人员明确各自职责及相应的奋斗目标，做到事先心中有数。

一个不编制财务预算的企业，注定是走不远的，即便是小微企业或个体工商户，也应该在年底适当规划出第二年的财务预算，有预算，开支的时候才能更明晰地判断出哪些钱该花、哪些钱不该花、哪些钱应该缓一缓迟些花，从而切实有效提高企业资金的使用效率，让有限的企业资金发挥出更大的价值。

第二节　预算管理是成本管理的基础

追求企业利润最大化，是绝大多数老板的重要目标。实现企业利润最大化的途径只有两个：一是增加企业收入；二是降低企业支出。也就是我们俗话说的"开源节流"。每少花一分钱，就会多出一分钱的利润。从某种程度上来说，节省开支就等于多赚钱。

那么，怎样才能节省开支呢？节省开支用企业财务专业术语来说，就是成本管理。要想实现绝对的成本降低，就必须建立控制环境，没有"控制环境"的企业谈不上成本管理，企业中控制环境的建立除了依靠员工的考核奖惩机制、企业制度之外，最主要的就是依靠企业财务预算。企业财务预算具体化和量化的战略计划的实施，可以让整个企业形成一个稳固、可持续的"控制环境"。

财务预算可以将企业的战略计划细分，具体到生产、销售、仓储、物流、营销等各个环节、各个部门。如此一来，企业内部的控制加强了，层级之间、部门之间都由财务预算串起来形成完善的控制体系，这样企业就能够形成良好的控制环境。

企业预算管理是成本管控的基础，主要通过以下两方面来影响企业的成本管控。

一方面，财务预算具有"全员"特征，也就是说，财务预算并不是财务一个部门的事，也不是企业老板个人的事，而是企业全体成员的事情，老板要有意识地培养全体员工的财务预算意识，为员工积极参与企业预算提供便捷的通道和方式，让全体员工都参与到企业财务预算的编制中来，有利于企业后期财务预算的顺畅执行。尽管老板是整个企业的"老大"，但员工才是企业战略计划的实施者、执行人，倘若不引导员工参与预算编制，只给他们下达财务预算指标，那么难免会有一部分员工对财务预算的执行产生抵触情绪，主观上认为"老板是在强人所难""没事找事，故意逼着员工离职"等，从而影响企业财务预算的执行和作用发挥。

另一方面，企业财务预算是确定成本指标的重要依据。以制造类企业为例，成本既包括产品生产方面的成本，也包括企业整个经营过程的全部成本、费用支出，在现代化制造企业的成本管理中，仅制定成本指标是远远不够的，因为我们很难保证企业的各种支出都能够控制在预算内，所以必须以成本标准为依据分解预算，要将成本预算层层分解，具体到各部门，实行责任制，严格控制部门耗费，确保成本不超标。从这个角度来说，企业财务预算是保证成本管理有效执行的基础性工具，可以为企业确立一个标准的成本体系，只要我们做好事前计划、事中控制、事后反馈，就能够让企业的财务系统达到一个良好的平衡状态，可以稳定持久地为企业发展提供有力支持。

企业老板需要注意的是，在编制和执行企业预算的过程中，一定要处理好企业各部门间的关系，倘若预算分配到各部门的指标不合理，不仅难以让预算管理落地，还会引发部门之间的矛盾，增加企业内耗，影响企业内部的团结。

此外，预算唯有落实到每一个员工身上，才能具有强大的生命力，否则只会陷入"纸上谈兵"的困局，这就要求老板要把预算指标层层分解，分级落实到每个分公司、每个部门、每个工作小组、每个人，让所有部门和员工都清晰地知道自己所负责的成本控制指标，只有这样才能让企业财务预算真正发挥出巨大的作用。

第三节　预算管理的分类与原则

身为老板,都想让企业的资金得到最大限度的充分使用,所以需要为企业量身定做一套合适的预算管理办法。一般来说,根据内容不同,企业预算可以划分为业务预算(经营预算)、专门决策预算和财务预算。

业务预算,顾名思义就是与企业日常经营活动直接相关的各种预算,比如销售预算、生产预算、直接人工预算、直接材料预算、制造费用预算、销售费用预算、产品成本预算和管理费用预算等。专门决策预算,属于不经常发生的预算,比如资本支出预算、一次性的重要决策预算等。财务预算,即企业在一定时期内关于预计现金收支、财务状况和经营成果的预算。

清楚了企业预算的常规分类后,接下来我们就可以更深入地了解企业预算管理都有哪些常见模式了。

总的来说,企业预算可以分为五大预算管理模式,分别是目标利润预算管理模式、现金流量预算管理模式、营销费用预算管理模式、成本控制预算管理模式和资本支出预算管理模式。

1. 目标利润预算管理模式

目标利润预算管理模式,适合业务多元化、系列化发展的企业，尤其是大型集团。对于大型集团来说，预算管理的首要问题是如何针对不同子公司、分公司进行经营控制、业绩考评。这种预算管理模式，以设定目标资本利润率为起点，通过以目标资本利润率为起点的预算管理模式，来加强对子公司、分公司的控制与考核。

2. 现金流量预算管理模式

资本预算管理模式的核心是现金流入流出，能通过对现金流量的规划和控制来达到对企业内部各项生产经营活动的控制。快速消费品或者酒类等产品大多采用现金流量预算管理模式，这种模式的最典型特征是有大量应收账款回收，会产生大量净现金流量，而潜在投资项目未确定。业务迅速发展、组织处于扩张阶段的企业比较适合采用这一模式。

3. 营销费用预算管理模式

营销费用预算管理模式的管理中心是通过营销来开发市场潜力，提高市场占有率，现金流入大小不确定，需大量市场营销费用投入。这种预算管理模式的原则是"以销定产"，以营销或销售为基础来编制生产、成本、费用等各项职能预算，关注的主要内容包括以市场为依托，基于提高市场占有率的目标要求和销售预测编制销售预算。

4. 成本控制预算管理模式

市场增长减慢，具有较高且稳定销售份额的企业比较适合采用成本控制预算管理模式，由于市场稳定，利润的多少关键取决于成本的高低，成本控制预算管理模式能够帮助企业实现更高的利润目标。一般来说，发展到比较成熟阶段的企业更倾向于选择成本控制预算管理模式。

5. 资本支出预算管理模式

资本支出预算管理模式，预算以资本投入为中心，公司从资本投入预算开始介入管理全过程，一般来说，企业的初创期、重大项目投放、大型区域性基础建设投入等都比较适用于资本支出预算管理模式。

从事不同经营活动的企业、处于不同发展阶段的企业，其所适合的预算管理模式也各不相同。在现实中的企业预算管理活动中，预算管理的分类并不是绝对的、清晰的，通常是多种预算管理模式相互交织，共同构成一个错综复杂的、立体化、多元化的预算管理体系。

总的来说，企业预算管理的选择和确定要遵循四大原则：一是以企业发展战略为引领，没有战略的预算是丧失方向的，没有预算的战略是空洞的，要根据企业战略规划分解年度预算计划；二是坚持目标导向，企业预算管理要设立战略目标、中长期目标和年度目标、季度目标等，必须兼顾长期目标和短期利益，使得企业各部门之间的利益和整体目标可以达到一个平衡点；三是应完善企业内控，没有健全、有效的企业内部控制制度，财务预算就难以成功落地，也就无法发挥出应有的作用，因此一定要完善业务环节关键节点的控制制度；四是必须以价值为导向，企业预算管理的目标是实现企业经济价值和社会价值的最大化，降低风险，兼顾好质量、成本、风险、规模等的平衡，从而让企业的现有资源配置得更加合理。

老板在设计企业的预算管理模式时，要遵循以上四大原则，根据企业所处的环境和条件，以企业现阶段的管理重点为出发点，选择适合企业发展的预算管理模式。

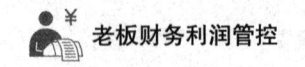

第四节　编制财务预算的方法

尽管企业老板不必亲自编制企业财务预算，但也要对企业编制财务预算的方法有所了解，只有这样才能充分保证财务预算的编制更合乎企业的实际情况和要求，能够最大限度地让有限的资金发挥出更大的价值。

企业财务预算的编制是一个系统性工程，项目不同，编制预算的方法也会有所区别。一般来说，企业的财务预算可以视不同项目，分别采用定期预算、滚动预算、零基预算、增量预算、固定预算、弹性预算等方法进行编制。

1. 定期预算

定期预算，顾名思义就是以不变的会计期间（如日历年度）作为预算期的预算编制方法。这种方法的优点是有利于对预算执行情况进行分析和评价，实际数与预算数对比也十分方便。但缺点有三：一是难以预测预算期后期情况，具有盲目性；二是其固定性使得预算在执行中无法根据情况随时调整，不够灵活；三是只考虑一个会计年度的经营活动，预算的连续性差。

2. 滚动预算

滚动预算能克服定期预算的盲目性、不变性和间断性缺点，在编制时，需要将预算期与会计期间脱离开，随着预算的执行不断地补充预算，使预算期始终保持为12个月，随着预算的执行不断向后滚动编制新的预算。滚动预算的编制是一项持续性的工作，比如每过一个月或一个季度，就要在原预算的期末增列一个月或一个季度的预算，不同的企业可以根据自身业务特点确定滚定预算的具体时间单位。

3. 零基预算

零基预算在编制时，不考虑以往情况，所有预算支出均以零点为基础，从实际需要与可能出发，逐项审议各种费用开支数额的大小、必要性、合理性，从而确定预算费用。编制零基预算工作量大、时间长，一般会间隔几年编制一次。这种预算编制方法的优点是一切费用都从零开始，不受限制，能有效压缩企业的资金开支，切实合理使用资金，把钱花在刀刃上，提高效益。

4. 增量预算

增量预算，顾名思义就是紧密结合降低成本措施或业务量情况等，对原有费用项目进行调整而编制预算。优点是编制简单，缺点是不加分析地保留原有成本项目，难以发现不合理开支，容易造成预算上的浪费。

5. 固定预算

固定预算，即先把企业预算期的业务量假设为一个固定水平，再以此为基础来编制企业的财务预算。这种预算编制方法简单，适合预计业务量与实际业务量相一致或误差很小的企业，缺点是呆板、可比性差，在预算执行的过程中，必然会出现或大或小的没有预料到的变动，一旦实际业务量与

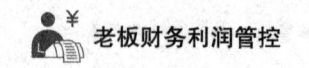

预测业务量相差较大，则有关预算指标的实际数与预算数就会因业务量基础不同而失去可比性。

6. 弹性预算

与固定预算相比，弹性预算的预算范围宽，可比性强。这种预算编制办法比较复杂，以成本（费用）习性分类为基础，考虑到预算期业务量的变动性，根据量、本、利之间的依存关系编制而成，适应多种业务量的费用预算，能够反映出在各种业务量的情况下所对应的费用支出。因预算可随着业务量变化而作出相应调整，因此被称为弹性预算。这种预算编制方法一般适用于与预算执行单位业务量有关的成本（费用）、利润等预算项目。

总的来说，各个财务预算编制方法各有优缺点，没有"包治百病"的预算编制方法，企业老板需要做的是，在确定企业不同项目的财务预算编制方法时，能够结合实际情况，挑选出最适合该项目的预算编制方法，以便使各预算编制方法能够扬长避短，更好地为企业服务。

第五节 预算的执行、控制、调整与考核

编制企业财务预算只是万里长征第一步，有了清晰的预算之后，接下来就涉及财务预算的执行、控制、调整与考核，

事前算计，事中控制，事后奖惩，这才是企业财务预算的完整过程。

1. 企业财务预算的执行

只计划不执行，再好的财务预算也等于零。企业财务预算的执行直接关系预算作用的发挥，要想让财务预算发挥应有的作用，老板就必须要抓好预算的执行工作。

千万不要以为财务预算是财务部的事，其实预算管理是名副其实的"一把手"工程，作为老板，必须要将预算作为系统工程，协调各项目和部门之间的利益，对整个企业的经营活动进行整合，形成全面抓预算的管理架构。预算的执行不是一个人的事，而是需全面参与，这就要求老板做好预算的层层分解工作，形成"千斤重担众人挑，人人肩上有指标"的良好局面。

2. 企业财务预算的控制

预算控制即企业根据预算规定的收入与支出，严格控制、检查、监督各个部门的生产经营活动情况，以保证各部门达成既定预算目标。需要注意的是，老板切不可只用结果来对预算进行控制，"唯结果论"的预算控制往往难以达到预期的效果，还要重视过程控制，将两者有机结合才能更好地完成财务预算目标。

3. 企业财务预算的调整

企业财务预算一旦确定后，不宜轻易进行调整，否则预算就会成为"一纸空文"，无法发挥正面积极作用。但遇到特殊情况，也不应死守定好的预算，而是可以做出适当的调整。一般来说，调整企业财务预算的情况主要有：市场环境发生重大变化导致财务预算难以执行，经营条件变化使财务预算编制的基础不成立，政策法规突然变动迫使预算不得不进行重新编制，财务预算在执行过程中结果与预期产生重大偏差，等等。

对企业财务预算进行调整，需要遵守一定的原则：一是调整后的预算方案应当在经济上实现最优化；二是调整后的预算不可偏离企业发展战略，且要与企业年度预算目标相一致；三是调整预算的重点必须放到执行中出现的非正常的、很重要的、不符合常规的、关键性的差异方面，其他部分则不宜进行较大幅度调整。

企业财务预算的调整可以分为预算内的调整和预算外的调整。不影响预算目标的预算调整都属于预算内调整，对于这类预算的调整，企业根据内部的组织架构进行一级一级的授权审批即可。预算外的调整，即会对预算目标产生一定影响的预算调整，对于这种情况，预算执行部门须向预算编制人员阐述调整预算的原因、对预算执行会造成什么程度的影响，并就预算调整幅度进行详细说明，然后由预算编制人员核实后再提请一级一级授权审批即可。

4. 企业财务预算的考核

预算考核，顾名思义，就是指企业对各部门、各员工执行预算结果进行的考核和评价。通常预算考核与各部门、各员工的奖惩挂钩，属于企业对预算执行者的一种有效激励和约束形式。

在不少企业中，常常会出现诸如此类的扯皮现象：销售人员抱怨拉来的订单因无法按时交货而流产，生产人员把无法交货的责任推给采购，声称生产材料供应不及时，而采购人员又把皮球踢给财务，认为是财务总是拖欠款项，导致供应商供货出现问题，财务则称销售人员回款慢，账上亏空无法及时支付供应商的款项。实际上，这种相互扯皮现象的本质就是预算考核工作没有做好。

没有考核的财务预算只会成为一纸空文，没有合理考核方案的财务预算则会引发企业内部矛盾，增加企业内耗。

要想让预算的考核公正合理，在编制预算时就要"接地气"，一是预算编制要与企业的实际情况紧密结合，保证预算的科学性和可操作性；二是在编制预算时将预算与考核紧密结合起来，广泛征求员工意见，使考核标准得到大多数人的认可。

此外，老板需要注意的是，对预算的考核必须要适时进行，并严格按照考核结果及时兑现事先承诺的奖惩。"狼来了"的故事，相信大家都不陌生，倘若奖惩承诺不及时兑现、甚至直接不兑现，那么必然会导致预算考核变的"可有可无"。而没有了有力的考核，企业的财务预算也就成了一纸空文，难以发挥出其预期效果。

预算考核，不仅可以确保企业目标利润的实现，还可以帮助老板及时了解企业的发展趋势，从而衡量预算目标的实现程度，科学评估企业完成预算的效益，可以作为改善企业预算管理系统的依据，对员工还能起到一定的激励作用，因此企业老板一定要重视企业财务预算的考核，并做好这一工作。

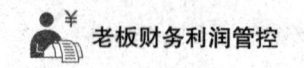

第六节　这样制定预算才不会务虚

"明明十分严肃认真地制定了企业财务预算，可也没发现财务预算真正起到什么作用呀。"实际上，这是不少企业老板的真实心声，甚至有些老板直接武断地认为财务预算作用不大，不必在制定预算上花费太多精力。但实际上财务预算并非没用，而是务虚的财务预算没用，要想让制定的企业财务预算真正发挥出它的作用，在编制企业财务预算时就要务实。

一般来说，导致企业财务预算难以发挥作用的原因主要有以下五点。

（1）财务预算编制不以企业发展战略为依据。企业实行预算管理的目的模式，因缺乏战略导向性，从而导致重视短期行为、忽视长期目标，如此一来，在没有企业战略环境下制定的预算，就会与企业的长期发展战略出现"两张皮"的现象，双方不能融合适应，各年度、季度和月份的预算推行不能转化为企业发展目标实现的动力，财务预算自然难以取得预期效果。因此，企业老板在编制财务预算时，一定要以企业发展战略为依据，以使企业预算管理的目标与企业发展战略相统一。

（2）企业缺乏有效的激励配套措施。在企业的预算管理中，执行结果的考评与激励是非常重要的、必不可少的一环。倘若激励配套措施不到位，那么企业员工在执行财务预算时也就没什么积极性、主动性、自觉性，如此一来财务预算无法执行到位，也就难以发挥实际作用。必须要制定与预算相适宜的奖惩措施，并充分保证奖惩措施执行到位，只有这样，才能让每一个企业员工都把"预算管理"时时刻刻放在心上，并主动严格去执行。

（3）盲目照搬照套预算管理模式。有些老板，看哪家企业的财务预算管理搞得好，就直接照搬照套他人的预算管理模式，须知同样的预算管理模式，结果却全然不同，搬到了自己的企业中并没有达到预期的目标。不同企业在不同的发展阶段有不同的发展战略，所面临的风险也各不相同，因此要制定出务实的财务预算，就不可盲目照搬照套，而是应当实事求是，采用适合企业自身特点和发展阶段的预算管理模式。

（4）财务预算管理缺乏组织体系保障。财务预算要想严格地一级一级执行下去，仅靠老板、财务部门推动是远远不够的。财务预算管理是涉及企业全员的大事，一个缺乏组织体系保障预算执行的企业，是不可能让预算管理成为企业发展强大动力的。不少企业中，预算管理仅在预算编制中发挥作用，在执行中作用不大，就是因为缺乏组织体系保障。因此，企业老板除了要重视企业财务预算的编制外，还要主导企业构建起整个预算管理的组织体系以保障预算的执行。

（5）财务预算松弛，预算指标有效性差。很显然，过于松弛的财务预算约等于没有财务预算，在发挥作用上也会大打折扣。在企业预算管理的过程中，很容易会出现财务预算松弛的情况，这主要是由于信息不对称造成的。在编制企业财务预算时，企业中的下级管理者掌握着与预算相关的信息，而企业老板、财务部门、高管等显然对这些预算相关的信息了解不够，这种不对称的信息差，给下级管理者利用参与预算编制建立较为松弛的预算标准提供了良机。在实际的企业管理当中，财务预算松弛、预算指标有效性差的情况很多，这就要求老板在主导企业财务预算的编制时，要有意识地收紧财务预算，以保证预算指标的有效性。需要注意的是，要根据实际情况掌握好"度"，倘若财务预算过紧，难以完成，则会导致员工产生"破罐子破摔"的心理，对预算的执行也不利。

  导致企业财务预算管理难以充分发挥作用的原因是多方面的，除了规避上述问题外，还要做到两点：一是要构建完善的预算管理流程，从预算目标的确定、预算编制到预算执行、预算控制、预算分析和预算考核，各个环节都必不可少，只有这样才能形成一个完整的闭环，让企业的财务预算真正发挥作用，并为以后的财务预算编制提供有效的参考；二是要设置完善的预算管理系统，倘若是规模较大的企业，可以考虑设置专门的预算管理机构，以保证预算的合理编制、有效执行、严格控制、及时分析、正确考核，并对整个预算全过程进行监督控制和管理，如此一来，企业财务预算自然能够保持顺畅、高效地运转，从而有力推动企业战略目标的实现。

第七章

成本管理：
控制成本就等于增加利润

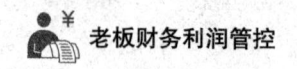

第一节　控制成本就是在增加利润

成本控制是事关企业在激烈竞争中能否取胜的关键因素之一，在企业发展战略中，处于极其重要的地位。不管是什么类型、规模的企业，不管主营是什么业务的企业，都必须要面对成本控制这一重要管理课题。

所谓成本控制，即运用以成本会计为主的各种方法，预定成本限额，按限额开支成本费用，以实际成本和成本限额比较，衡量经营活动的业绩和效果，以提高企业资金使用效率，有效降低企业开支和成本的一种管理方法。在企业经营中实行成本控制，可以增加企业盈利，帮助企业抵抗内外压力、求得生存，是企业发展的基础和重要保障。

诚然，在经营的过程中，为了增加企业利润，老板往往会采取一系列诸如改革、激励、末位淘汰等管理措施，但任何措施都无法代替强化成本管理、降低成本这一工作。有效的成本管理，能够大大降低企业的支出，提高企业资金的使用效率，人们常说"省钱就是赚钱"，降低成本还可以增加企业利润。身为老板，一定要重视企业成本管理，抓好成本控制工作就可以带动全局发展。

成本是企业的重要财务支出，贯穿于企业经济活动全过程，是企业管理与决策的灵魂。企业的成本及成本控制对经营成果起着重要的作用，企业成本控制成功与否直接关系到企业的生存和发展，所以，成本控制是企业永恒的主题。

随着经济的发展，企业之间的竞争越来越激烈，而企业之间的较量很大程度上就是产品成本的较量，在各方面都日趋成熟的情况下，要想利润最大化，就只有降低成本，可以说，降低成本就是在增加利润。因此，成本控制也是企业管理的重要环节，是确保企业利润的重要手段。

有商人曾说过："在经营过程中，每节约一分钱，就会使利润增加一分，节约与利润成正比。"也就是说，控制成本就等于增加了利润，提高了企业经济效益。控制成本，可以降低企业生产经营的保本点，扩大企业安全边际，增加企业抗风险能力，提高企业竞争力；控制成本，还可以降低消耗，减少企业资金占用。

就一般企业而言，成本控制主要分为四个部分：目标成本、计划指标、消耗定额及费用预算。

目标成本，顾名思义就是为达成某种目标（通常是利润目标）为前提而确定的。英特尔公司为了抢占1000美元以下计算机市场的增长需求，就曾采用目标成本这一手法。为了降低计算机成本，英特尔公司特别注重控制特定部件的成本，比如存储器的成本，从而保证了整机的价格优势，赢得了市场份额。

计划指标，即企业用数字表示的计划期各方面生产经营活动所需支出的金钱数额。

消耗定额，就是在生产产品过程中消耗的人力、物力、财力的数量标准，包括物资材料消耗定额、工时定额和费用定额等，对这些可以量化的内容，都应该制定出消耗定额和支出标准。按照制定的标准来生产，就可以很好地控制生产过程中消耗的物质材料和人力，这也是降低成本的重要手段。

费用预算一般是为了控制管理费用开支。在企业经营过程中，很多费用和产品生产并没有直接关系，就需要用编制预算来加以控制。当然，控制成本的标准并非一成不变，要根据当下市场情况、公司实际需求等进行调整，但又必须兼顾先进性和适用性。

需要注意的是，老板在对企业成本进行控制的过程中，必须保证和提高产品的质量，决不能为了降低成本而以次充好、偷工减料，更不能采用冒牌顶替、粗制滥造等邪门歪道之术，否则必然会因丧失信誉而受创，甚至直接导致企业破产倒闭。此外，在进行成本控制的同时，还要兼顾产品和技术的创新。创新是企业发展的强大动力，在竞争越发激烈的市场中，不创新固守陈规的企业只能是死路一条，因此在创新方面必须要重点布局，不可因降低成本而舍弃创新。

身为老板当然希望企业的成本越低越好，但实际上控制企业成本要有原则：一是要企业全员全过程参与成本控制；二是要以企业价值最大化为目标；三是坚持精细化管理，从细节入手节约成本；四是通过整合优化内外部资源来实现"节流"。此外，在控制企业成本方面，要遵守国家环保政策、税收政策，切不可在环保排放设备上偷工减料以及在偷税漏税上动歪脑筋。

第二节　采购是成本控制的源头

采购是企业成本控制的源头，要想搞好成本管理，就必须重视采购成本。要想有效降低企业的采购成本，首先要明确企业在采购时都要考虑哪些因素。一般来说，企业在拟定采购策略时，需要考虑四大因素。

（1）采购产品或服务的形态，是一次性采购还是持续性采购，很显然一次性采购的成本必然会高于持续性采购，因此当采购形态发生变化时，及时调整采购策略可以有效节约成本，即便是一次性采购也不可忽视成本管理，可以视一次性采购的金额多少来有针对性地节省成本。

（2）年采购总额，在制定采购策略时，不要把眼光只局限在当前所需，而是要考虑到企业的年采购需求量，这样可以在与供应商谈判时占据较好的议价优势。

（3）与供应商之间的关系，企业采购行为与一般的买东西有所不同，必须要重视与供应商之间战略关系的建立和维护，在现实经营当中，供应商与不同关系的客户会分享不同的成本价格，只有与供应商保持更密切的关系，比如结成联盟、建立长期合作关系等，才能够争取到更低的采购成本。

（4）采购量所处的周期。企业的采购量往往是呈现周期性变化的，有导入期、成长期、成熟期、衰退期，从导入期一直到成熟期，采购量呈不断上升趋势，运用采购量所处的优势周期，也可以增加企业在采购时的议价优势。

那么，就企业采购来说，降低采购成本都有哪些有效方法呢？

1. 集中采购

采购规模越大，议价能力越强，采取集中采购的方式，可以大大降低企业的采购成本。倘若企业内部各组织各自采购，很可能会造成向同一个供应商采购同样的物品，价格却各不相同，彼此又不清楚价格情形的状况，会无故丧失节省采购成本的机会，企业老板对此一定要高度重视。

千万不要以为集中采购只是采购部门的事情，以海尔集团为例，其旗下的空调、洗衣机、电冰箱等产品都需要用到电缆，集团组织产品设计部与采购部通力合作，对所有产品用到的电缆进行了标准化设计，采购电缆品种由几百种缩减为十几种，进而采用集中采购方式，节省了20%的电缆采购成本。

2. 联合采购

如果是小型企业，采购规模不大，没有足够的议价能力，那么采用联合采购的方式则可大大降低采购成本。所谓"联合采购"，即企业利用行业协会公共平台等与其他同行企业一起组成采购联盟，如此一来采购规模增加，可跳过中间渠道，直接与生产厂家达成采购合作，自然可以降低采购成本。

3. 国际采购

市场是永远处于变化之中的，任何商品的价格都会受到多方面因素影响，企业在采购时要想避免因价格波动而造成的采购成本超支，就要建立更大范围的全球采购网。在全球范围内，寻找价格更低的商品或服务，远远要比仅在国内范围寻找更容易、更具优势。需要注意的是，国际采购虽然能够为企业采购节省成本，但要特别注意税收问题，倘若进口原材料能够保税的话，一定要把保税工作做细致，可以进一步节省采购成本。

4. 早期供应商参与

在产品设计阶段，就引入供应商参与到产品研发、设计工作中，对于企业降低采购成本也十分有效。产品研发设计人员可以根据采购商品的性能规格要求与供应商进行深入、细致的沟通，借助供应商的专业知识来调整采购战略，最终实现降低采购成本的目的。

5. 利用互联网降低采购成本

21世纪是网络时代，充分利用互联网技术能够帮助企业降低采购成本。互联网可以把生产信息、库存信息和采购系统连接在一起，最大限度地降低库存、缩减仓储成本，还可以实现库存、订购管理的自动化和科学化，提高采购效率。此外，还可以借助互联网与供应商实现信息共享、价格趋势预测等，在节省采购人力和避免市场波动对采购的影响方面发挥积极作用。

最后，企业在采购时，要想在谈判时争取到更好的价格，还要善于运用价格与成本分析、价值分析法与价值工程法等。价格与成本分析是专业采购的基本工具，可以帮助采购者了解所采购商品的成本结构，从而争取到更低的采购成本。价值分析法与价值工程法也就是人们通常所说的 VA 与 VE 法，即对现有产品的功能进行系统研究、分析，以最低的生命周期成本，通过简化、变更、替代等方法来最终实现降低采购成本的目的。

总的来说，降低企业采购成本的方法是多种多样的，企业老板可以根据企业自身的采购情况，选择最佳的采购方式来有效降低成本。

第三节　生产是控制成本的重点环节

生产成本，顾名思义，就是指企业生产活动的成本。生产成本是衡量企业技术和管理水平的重要指标，是企业在生产过程中各种资源利用情况的货币表示。尤其是对于制造型企业来说，生产是企业成本支出的重点领域，也是控制成本的重点环节。

在当前供大于求的市场环境下，企业之间的竞争越来越激烈，在终端销售价格越来越趋同的情况下，谁能把生产成本控制做到更低，谁就能够拥有更大的利润空间，更强劲的市场竞争力。毫不夸张地说，生产成本管理已经成为关系企业生死存亡的关键因素。不少企业老板，对生产成本的控制也十分重视，但苦思冥想、多种策略和方法，生产成本始终无法有效降低。当前，降低生产成本确实不是一件容易的事情，但关键还是要找对方法、找对路子。

要想有效降低生产成本，我们首先必须清楚生产成本的构成。生产成本由三大部分构成，分别是：直接材料、直接人工和制造费用。

直接材料，即生产过程中的劳动对象，生产加工的过程就是改变其使用价值的过程，比如矿石，其使用价值是用于冶炼金属，通过加工变成金属形态，其使用价值则已经发生了变化，可用于制作器具，这就是使用价值改变的典型例子。直接材料加工后的形态既可以是成品，也可以是半成品。

直接人工，顾名思义，就是在生产过程中耗费的人力，一般在企业经营中体现为员工工资、福利、加班费等。

制造费用，即企业生产过程中用到的设备、生产场地、车辆、机器等设施以及机物料、辅料，从财务专业角度来说，制造费用一般会通过折旧的方式和维修、定额费用、机物料耗用和辅料耗用等方式计入成本。

在市场经济条件下，企业要想盈利，其销售收入必须覆盖整个生产过程中的各项支出，生产成本是衡量生产消耗的补偿尺度，不管是什么规模的企业，成本管理中生产成本的控制都是一项非常重要的工作，也是企业老板非常关注的重点领域。

那么，怎样才能有效降低企业的生产成本呢？

1. 材料费

材料是生产成本中的重要组成部分，要想节省材料费，可以从三个方面入手：一是材料价格，在采购材料时，要在保证质量的基础上，货比三家，尽可能使用价廉物美的材料，老板需要特别注意的是，要防止采购人员吃回扣的现象，以免造成额外不必要的材料采购开支；二是用量，要加强企业对材料的管理，制定严格规范的收、发、存制度，把材料管理工作做实、做细，落实到具体责任人，降低材料的损毁、浪费、遗失、报废；三是质量，材料的质量不可马虎大意，但也不必过于追求"高端"，只要能满足使用需求、质量可靠的材料就是好材料，在不影响产品品质的情况下，调整材料的档次、型号、种类等，也可以起到降低材料费的目的。

2. 人工费

不合理的人员排班、断断续续的停产、员工工作效率低下等，都会导致企业人工费增加。要想有效降低人工费，一是要避免冗员，管理人员要精简，生产人员要一个萝卜一个坑，不必要的岗位能精简的要精简，还要加强对员工的管理，以保证人工费的高效利用；二是要提升员工的工作效率、技术水平，并合理安排人员，做到工作任务均衡分配，分工合理，工序衔接；三是要抓好安全生产和生产调度管理，避免出现待产、停产等现象。

3. 机械使用费

要想降低机械使用费，就必须要提高机械操作人员的素质，做到正确使用、规范使用、安全使用，以降低因使用不合理而导致的机械故障。对于机械的维修技术人员，要努力提高其工作技能，做好机械的日常维护保养，降低机械的维修率。此外，倘若有租借的机械，要做好相关的统筹工作，尽可能充分发挥自有机械的潜力，减少租借费用的开支。

对于企业老板来说，企业生产成本的背后包含着十分丰富的信息，企业原材料消耗情况、生产设备运转好坏、员工劳动生产率情况、产品技术水平等，都可以通过生产成本显现出来，也就是说，生产成本的管理和控制可以反映出企业生产经营工作的效果。

企业生产活动涉及方方面面的细节，俗话说"细节决定成败"，老板在控制生产成本的过程中，一定要从细节着手，比如机械、电灯、空调、电脑不用时要及时断电，不合格产品的重复再利用，送货车辆严禁公车私用等，千万不要小看这些细节，全体员工经年累月的执行，也能省出一笔不小的开支。

第四节　别让管理费成为企业负担

企业管理费，即企业行政管理部门为组织、管理经营活动而发生的费用。管理费所包含的项目很多，包括行政人员工资、办公费、仓库管理费、员工教育经费、诉讼费、审计费、税金、业务招待费、坏账损失、毁损和报废、固定资产折旧维修费、工会经费、排污费、办公费、技术开发费等。

在企业的实际管理当中，越是规模大的企业，其管理费越是居高不下，甚至会成为企业的沉重负担，慢慢蚕食掉企业的成本优势和市场竞争力。还有一些企业,规模不大,人员不多,业务量一般,但追求"完美"的老板,却严格按照大企业、大集团的组织架构来定部门、定岗位,导致不少岗位或部门,工作量严重不足,难以发挥作用的同时,也极大地增加了企业的管理费负担。

对于中小型企业来说,老板切忌好大喜功,在部门设置、岗位设置方面,要根据企业的实际情况来安排,遵循"不养闲人"的原则,确保管理费的使用效率。

除此之外,要想有效降低企业的管理费,就要不厌其烦地从多个方面、从各种细节抓起,切实防止"跑冒滴漏"现象。

1. 合理配置管理人员

企业老板在组织架构设计中,一定要合理配置管理人员,避免出现管理人员比基层员工还多的冗员现象,倘若目前的管理人员配备不合理,那么则可以通过兼并、裁撤等方式来减少非工作人员。

在安排人员的工作时,对于工作不饱和的岗位,可以采用身兼数职的方式来处理,以避免养"闲人"。比如小型企业的出纳可以兼任文员、办公室行政相关的工作。

2. 办公费用

(1)打印用纸要节约使用,尽可能使用双面打印,诸如计算器、订书机、胶带、剪刀、尺子等办公用品可公共使用的,要减少重复购买。

(2)企业要集体购买并发放笔、便签纸、记录本、文件夹等办公用品,要求员工按需领取,不得浪费。不得将办公用品私自拿回家个人使用。

(3)电脑、打印机、照相机、对讲机等比较贵重的办公用品，不允许企业各部门私自购买，必须由企业统一调配，倘若是特殊情况，则需要一定级别的管理人员或老板本人亲自批准通过才可执行。

（4）每个员工的办公用品都要妥善使用、保管，因个人原因导致产生的维修费由员工个人承担，倘若保管不当导致丢失，则按照物品的采购原价照价赔偿。

（5）办公设备损坏后，要仔细评估维护与换新的成本，具备维修价值的，在保修期内的联系厂家进行维修，不在保修期内的，要多方询价，以免造成额外的维修费用支出。不具备维修价值的，可直接采购新的设备，旧设备可通过售卖废旧品的方式处理掉，如有以旧换新的机会，那么千万不要错过。

3. 招待费

宴请重要客户、商务往来接待等，都会涉及招待费，不管是什么类型、什么规模的企业，都会存在招待费的开支。在实际的企业管理当中，招待费的弹性非常大，倘若没有规范和要求，那么极有可能出现巨额招待费吞噬利润导致企业亏损的情况。企业老板一定要重视招待费的管理，制定规范，严格规定什么人办什么事可报销招待费、招待费具体标准，严禁因私请客，明确招待费使用奖惩措施，如此一来既有原则又兼具弹性，可以起到很好的节省管理费用的目的。

4. 交通费

人员出差的交通费，也要进行精细化管理。能坐公交不打车，能坐高铁不坐飞机，能二等座就不必一等座，对于不同级别的人员出差，要制定出合理的标准，凡超标的要说明

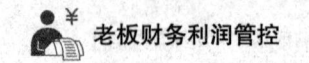

具体情况,无正当理由的由个人承担。倘若是公车,则要制定用车记录登记制度,明确车辆违章、交通事故责任。

5. 差旅费

企业安排出差要合理,可以电话解决的事情就不必安排出差,能一次出差解决的事情就不要多次出差,两个临近地区的出差任务可以统筹安排到一起,出差时可不带随行人员的就不要安排多余的随行人员,以节省差旅费。出差时住宿标准,要制定出明确的细则和规范,并要求全体员工严格遵守。此外,一些涉及人员出差较多的大型集团,可以采用与携程、去哪儿网等平台战略合作的方式来规范员工的差旅行为,精简出差相关事务的管理工作,提升管理效率。

总的来说,管理费所包含的项目非常多,不同的企业,其管理费的构成也大不相同,企业老板要想精简企业管理费,就必须深入分析企业的管理费构成,针对不同的管理费项目采取有针对性的措施。

第五节 教你有效降低人力成本

近年来,随着中国经济的快速发展和人民生活水平的不断提高,企业的人力成本也在快速攀升。尤其是一些低端制造产业,"用工荒"的新闻时有报道,本质上就是因薪资待遇过低而导致的用工短缺。

对于现代化企业来说，人力成本所占的比重越来越高，在社会平均工资水平不断上涨的今天，怎样降低人力成本已经成为摆在所有企业面前的一个重要课题。一些低端制造业企业通过把生产地从中国转移到人力成本更低的越南、印度等地，最终实现了降低人力成本的目的。但很显然，并不是所有企业都适合通过这种方式来降低人力成本。

21世纪，企业与企业之间的竞争，归根结底是人才的竞争，对于绝大多数企业来说，用优质的薪资待遇吸引更优质、更具创新精神的人才，才是增强竞争力的必经之路，这就意味着企业老板在招聘员工的时候，不能以"价格"作为评判人员的标准，既然无法在员工的薪资待遇上精简成本，那么企业的人力成本究竟要怎么控制、如何降低呢？

人力成本，顾名思义，就是指企业在生产经营或提供劳务活动中所发生的各项直接和间接人工费用的总和，通俗来说，就是我们日常所说的企业员工工资、社保费用、福利、教育培训、劳动保护、职工住房等费用的总和。

尽管不同企业的人力成本构成不同，但不管是哪种类型的企业，人力成本都是非常重要的成本支出项目。一般来说，降低企业的人力成本，主要可以从以下几个方面着手。

1. 减员增效

减员增效是一种非常常见的降低人力成本的手段，一般当企业遭遇经营困难、销售收入处在平稳成熟期时，往往会采用这种方式来降低成本开支。需要注意的是，减员增效与裁员并不是一回事，减员的目的不是缩减业务，也不是单纯地为了减几个人、少几个人的工资支出，而是为了增效。增效主要体现在两方面：一是劳动效率的提高，比如采用优胜劣汰、择优上岗的方式实现企业人力资本的增值；二是企业效益的提高，减员可以降低人力成本，用最少的投入取得最大的产出，有助于企业整体经济效益的提高。减员增效最终要形成一个减员降低成本—提高企业经济效益—增加员工收入—促进企业成本降低的良性循环。

2. 控制工资总量，搞活内部分配

控制工资总量可以使企业的人力成本控制在一个比较合理的范围，而合理的内部分配又可以激发企业员工的工作积极性。将两者结合，可以用有限的人力成本支出，创造出全员无限的工作干劲。企业老板在确定工资总量时，要坚持工效挂钩的原则，可以采用企业营收固定百分比的方法来决定企业工资总量，既保证了员工可以共享企业发展成果，又避免了因盲目提高全员工资待遇而导致的人力成本超支。

在工资的内部分配上，要打破"论资排辈"的方式，制定工资能上能下的考核制度，对优秀员工要有奖励措施，允许员工在企业内部合理流动，坚持按有效劳动分配的原则，杜绝员工磨洋工"混工资"的现象。此外，工资要向苦、脏、累、险岗位倾斜，向科技创新部门倾斜，向一线销售团队倾斜，把奖金的发放与劳动效率、创造的经济效益、为企业做出的贡献挂钩，以激发企业员工的工作积极性和主动性。

3. 科学定员定额，优化劳动组织

定员定额不科学，就难以达到优化、满负荷，就会导致劳动力的浪费，体现在企业成本上，就会出现企业整体效益没有增加、人工成本投入却攀升的现象,从而降低企业市场竞争力。要想降低企业的人工成本,必须加强定员、定额的管理,实现双优化。企业可以根据劳动经济学原理"利润最大化企业的劳动力需求行为"来找出企业与员工的平衡点,尽可能减少无效劳动时间,提高工时利用率,改进工作流程、工作方法,建立一套精干、高效、运转灵活的组织机构,不断提高企业的人员管理效率。

4. 提高员工素质,提高劳动生产率

不同素质、水平的员工,所创造的企业效益是不同的,企业可以通过培训、教育、招聘等多种方式提高员工素质、业务能力,从而拉动企业整体效益朝着更好的方向发展。此外,还要注重提高全员的劳动生产率,打破以"时间""资历""学历"等考核评价标准,以"效率"作为评判员工工作好坏的标准之一。

第六节 全面成本控制,节流不难

身为企业老板,一定要深刻认识到,企业的成本控制和管理并不是一个人或者一个部门的事情,而是关系全体企业员工的大事。要想有效降低企业成本,在成本控制思维上要与时俱进,建立全面成本控制观念,充分发挥成本控制的效能。

所谓全面成本控制，即对企业生产、经营、销售等所有过程中发生的全部成本进行全过程、全员参与的成本控制，简单来说，也就是所有成本的形成都有管控，企业全体员工都深度参与到成本控制当中。

与传统的成本管理相比，全面成本控制的优势十分明显，主要体现在五个方面：一是全面成本控制对企业成本的影响更深、更广；二是可以更有效地实行成本节约；三是有效扩大了企业成本控制的空间范围；四是企业成本控制的时间跨度被拉长了；五是在发挥成本控制效能方面更有力。

要想用全面成本控制来降低企业成本，我们首先需要清楚全面成本控制的内容。

（1）全部成本控制，即对企业生产、经营、销售等所有过程中所耗费的全部成本进行控制，其中包括料、工、费各项支出，既要对变动成本进行控制，也要对固定成本进行控制。

（2）全过程成本控制，即对产品研发、设计、采购、加工、制造、销售、使用等整个过程发生的全部成本进行控制，既要对生产前的研发、设计进行控制，也要对生产过程中的加工、制造进行控制，还要对生产后的销售、使用、售后所发生的成本进行控制。

（3）全员成本控制，即发动企业所有员工树立成本意识，参与成本的控制，这里所说的所有员工，既包括管理人员、后勤人员，也包括技术人员、生产人员、销售人员等。企业成本控制属于综合性任务，涉及企业的每一个部门、每一个员工，因此，要想让成本控制真正落到实处，就必须调动所有部门、所有员工的积极性。企业老板可以通过责任制，把企业成本控制与每个部门、每个员工都捆绑到一起，明确每个部门、每个员工在成本控制中的责任，发动全员讨论降低成本的措施和方法，真正让全体员工建立强烈的成本意识，并能够积极主动地付诸行动。

那么，对于企业老板来说，怎样才能在企业中实施全面成本控制呢？

第一步：制定成本控制标准。凡事预则立，不预则废。企业没有明确的成本控制标准，即便是全体员工都有极强的成本意识，也不知道劲往哪里使。实施全面成本控制的第一步就是制定企业的成本控制标准，树立成本控制的总目标。

制定企业成本控制标准，不能想当然，要以有效经营为前提，以企业的历史成本数据为依据，并开展相应的调查、分析等，只有这样，才能制定出比较科学、实际、有效的成本控制标准。

第二步：完善考核体系。有了明确的成本控制标准后，接下来就要对控制标准进行拆分，进行分级、逐项的考核分析，将其公平、公正地分配到每一个部门、具体到每一个员工的头上，要做到考核评比的制度化、系统化。对于没有达到成本控制标准的部门、员工，要深入调查原因，是标准不合理，还是执行人在哪方面执行不到位，抑或是成本核算不准确等。查找原因，可以帮助企业更好地完善成本控制的考核体系。

第三步：建立成本控制报告和成本分析会制度。有总结才会有收获,有分析才能有成长。成本控制报告和成本分析会制度是企业积累成本控制经验,查找成本控制工作方面的不足,找出改进成本控制工作新方法、新技巧的重要渠道和方式。企业应当建立成本控制报告和成本分析会制度,定期要求各责任部门作成本控制报告,总结陈述过去一段时期的成本控制情况,并制订未来一段时期的成本控制工作计划等,定期召集各责任部门召开成本分析会,公布各部门成本控制执行情况,查找不足、分析原因、限期整改,促使企业的成本目标不断完善,成本控制能力不断增强,为完成成本控制的总目标奠定坚实基础。

总的来说,企业要以财富最大化为目标,根据企业的实际情况和具体特点,建立全面成本控制系统,形成以成本控制方法、组织结构、管理重点、奖惩办法、管理风格等相结合的全面成本控制体系,如此一来"节流"自然轻而易举。

第八章

利润管理：
为企业持续经营提供动力

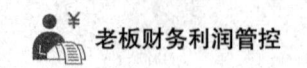

第一节　目标利润的规划与控制

不管是什么类型的企业，规模是大还是小，都必须要设定目标利润。确定目标利润，有助于明确企业的发展目标，激发全体员工更积极地努力工作，更大限度地挖掘企业的发展潜力。

目标利润是企业就特定时段内（一年、半年、一个季度等）要达到的利润数额，是企业经营中非常重要的战略目标。

尽管同行业先进利润水平、计划利润、企业历史最高利润等，都可以作为企业的目标利润，但企业目标利润的规划和制定是一项综合性的系统工程，要考虑到多方面因素，比如企业内外环境的适应性要求，倘若整体行业环境低迷，那过高的目标利润不仅不利于企业发展，还可能会导致全体员工的抵制、反抗情绪。同时，还要考虑企业持续经营的需要以及资本保值的需要等。

总体来说，企业老板在确定目标利润时，要坚持实事求是，从现实情况出发，充分挖掘企业各方面的利润增长潜力，既要做到不保守，也要坚持不盲目冒进，还要适当留有余地。目标利润的确定是一件非常严谨的工作，过低不利于激发企业利润增长潜力，过高又会让全体员工失去完成目标利润的信心。这就要求企业老板在确定目标利润时必须采用科学的方法。

确定目标利润最常用的方法有：量本利分析法、相关比率法、简单利润增长比率测算法、标杆瞄准法。

1. 量本利分析法

量本利分析法可以对企业的目标利润进行测算，测算依据是产品销售量、销售额、固定成本、变动成本与利润之间的变动规律。需要注意的是，这种方法必须建立在对市场进行充分调查研究的基础上。具体步骤为：第一步对市场进行调查分析，第二步对产品的销量或销售额进行科学预测，第三步对企业固定成本、变动成本、贡献毛利率等进行分析预算，第四步确定目标利润。

2. 相关比率法

这里所说的相关比率主要有成本利润率、销售利润率、资本净利率、经营杠杆率等，企业老板可以对这些比率进行分析，然后据此来预算并确定企业的目标利润。

3. 简单利润增长比率测算法

稳定发展的企业比较适合采用利润增长比率测算法，但初创企业无法使用这种方法。这种测算法操作起来并不复杂，第一步了解企业历史最好利润水平、上年度达到的利润水平及过去连续若干年特别是近两年利润增长率的变动趋势与幅度，第二步据此预测企业利润可能发生什么变动，第三步预测企业利润增长率，第四步测算出企业的目标利润。利润增长比率测算法以企业的历史数据为依据，具有较强的可操作性，是企业确定目标利润的常用方法。

4. 标杆瞄准法

标杆瞄准的应用范围很广泛，可以帮助企业全过程、全方位、多层面进行标杆管理，除了可确定企业目标利润外，还是提升企业管理水平的好方法。所谓标杆瞄准法，顾名思义就是把同行业中领先的龙头企业作为"标杆"，将标杆企业的利润与自己企业的利润进行量化对比、评价，分析标杆企业利润水平高的原因，借鉴其先进做法，并不断挖掘自身企业的利润增长点和增长空间，最后据此预测出企业未来的利润趋势，并制定出目标利润。

在确定目标利润时，企业老板可以根据实际情况选择合适的方法。需要注意的是，目标利润一旦确定，就不可轻易调整，只有这样才能保证目标利润的权威性，更好地促进全员的执行，否则朝令夕改，很可能会让全体员工无所适从，执行力也会大打折扣。

企业老板除了选对目标利润的确定方法外，还要懂得目标利润确定的程序。一般来说，企业目标利润的规划程序为：对企业上个周期利润计划的执行进行汇总、分析；预测下个周期企业利润变动的情况；初步确定利润目标；多方面综合评估，反复调整后最终确定目标利润；将目标利润拆分为各项具体指标，并作出利润执行规划；制定并公布目标利润考核的规范和办法。

企业目标利润的实现并不能单纯依靠营业收入增长，如降低成本、控制生产预算、降低管理费等都可以促使企业目标利润的实现，此外，技术创新、管理创新等也可以帮助企业达到实现目标利润的目的。在目标利润的执行过程中，坚持多管齐下、多方面共同发力，往往能够取得更好的效果。

第二节　企业利润分配的原则

把企业利润这块蛋糕做大、做强很重要，这样才能保证企业的相关人员都有"钱"可拿，但利润的分配也很重要，企业利润的分配关系着企业能否长期稳定发展，关系着企业所有者的合法权益能否得到保护，关系着投资者能否拿到属于自己的收益。

一般来说，利润分配的对象是企业的净利润，分配主体是投资者和企业。分配不合理、不公平、不合法，也会给企业带来灭顶之灾。因此，作为企业老板，一定要清楚企业利润的分配原则和分配顺序。

1. 企业利润分配的基本原则

（1）依法分配原则。只有企业缴纳所得税后的净利润才可用于分配，缴税后的净利润企业有权自主分配。《中华人民共和国公司法》《中华人民共和国外商投资法》等都明确规定了企业的利润分配相关事宜，每一个企业都必须严格遵守依法分配的原则。

（2）资本保全原则。即在分配中不能侵蚀资本。换句话说，利润分配不是对资本金的返还，而是对经营中资本增值额的分配。当企业亏损时，利润要先弥补亏损，剩余的部分才能进行其他分配。资本保全原则是责任有限的现代企业制度的基本原则。

（3）充分保护债权人利益原则。在利润分配之前，企业必须按照合同契约的规定，偿清所有债权人到期的债务，充分保障债权人的利益。此外，在利润分配后，企业还必须保持一定的偿债能力，不能因利润分配导致企业财政危机。

（4）多方及长短期利益兼顾原则。企业利润分配涉及多方面的利益，比如投资者、经营者、职工、创始人等，在进行利润分配时必须要兼顾多方利益，同时要考虑企业的长短期发展，要尽可能地保持稳定的利润分配。

总体来说，企业利润分配合理与否，最终决定着企业利益机制能否持续发挥作用，要让利润分配的各方"齐心聚力"支持企业经营和发展，就必须要把企业利润分配好，让各方都满意。

2. 企业利润分配的顺序

《中华人民共和国公司法》严格规定了企业利润分配的顺序，具体顺序如下：

（1）计算可供分配的利润。首先，企业财务人员要计算出可供分配的利润，可通过将本年净利润（或亏损）与年初未分配利润（或亏损）合并来计算得出结果。倘若计算结果显示，可供分配的利润为负数（即亏损），那么则不必进行利润分配；倘若计算结果显示，可供分配的利润为正数（即本年累计盈利），那么则需要对利润进行分配。

（2）计提法定盈余公积金。按照公司法规定，法定盈余公积金按照税后净利润的 10% 提取。倘若法定盈余公积金已达注册资本的 50%，则可不再提取。需要注意的是，提取盈余公积金的基数，既不是可供分配的利润，也不一定是企业本年度的税后利润。提取的法定盈余公积金有固定用途，只可用于转增资本金或弥补以前年度亏损。如果是用于转增资本金，那么留存的法定盈余公积金不得低于注册资本的 25%。只有不存在年初累计亏损时，才能按本年税后利润计算应提取数。需要注意的是，企业以前年度亏损未弥补完，不得提取法定盈余公积金和法定公益金。在提取法定盈余公积金和法定公益金之前，不得向投资者分配利润。

（3）计提任意盈余公积金。任意盈余公积金，即企业从净利润中提取的各种积累资金，比如专门用于企业职工福利设施支出的公益金就属于盈余公积金，按照公司法规定，法定公益金按税后利润的 5%～10% 提取。

（4）向股东（投资者）支付股利（分配利润）。不管是什么所有制形式和经营形式，都必须遵守上述分配顺序。需要注意的是，股份有限公司在分配顺序上存在一定的特殊性，需要先提取法定盈余公积金和法定公益金，然后按照支付优先股股利、提取任意盈余公积金、支付普通股股利进行利润分配。

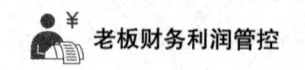

第三节　经营利润与现金利润

"利润明明很可观，为什么账上却没有现金可用？钱都去哪了？"这是不少企业老板都会遇到的困惑，实际上企业的经营利润并不等于有钱，经营利润也不等于企业持有的现金流。有利润没现金，是导致很多企业破产的重要原因。

要想做好企业财务的利润管理，我们一定要分清经营利润与现金利润，并弄清楚两者的关系。

这里所说的经营利润，是指企业销售收入减去各项费用开支的余额。现金利润是指企业账上可直接使用的利润额。我们可以通过下面的例子来理解两者的差异。

A食品厂8月份销售额为100万元，其中现款现货的销售收入为80万元，其余20万元都是先发货后结账，账期为3个月，即11月份才能陆续回款。8月份，A食品厂的各项费用开支为70万元。

根据已知条件，可计算得出：

A食品厂8月份的经营利润＝销售额100万元－各项费用开支70万元＝30万元

A食品厂8月份的现金利润＝现款现货销售收入80万元－各项费用开支70万元＝10万元

可以看出，A食品厂的现金利润要远远小于经营利润，两者的差异在于应收账款。经营利润没有考虑应收账款因素，尚未回款的销售额也包含在营业利润当中，而现金利润则剔除了尚未回款的部分。也就是说，经营利润＝现金利润＋应收账款。

在企业的实际经营当中，现款现货所占的销售比例越大，企业的现金利润情况就会越好，反之则面临企业现金利润过少，甚至直接威胁到企业的正常运转。

每一项支出，都需要真金白银，应收账款"远水解不了近渴"，当企业的现金利润不足以覆盖企业的基本开支时，企业就会面临资金紧张，即便是营业利润表现良好，也会让企业陷入困境。

除此之外，并不是所有的应收账款都能够不打折地顺利收回。可以毫不夸张地说，几乎任何一个企业都会产生坏账损失，因此只重视营业利润管理，忽视企业现金利润的获取能力是十分危险的，一旦客户出现不能按照约定账期付款、无限期延长付款周期、因破产而无法足额支付账款等现象时，企业将面临非常巨大的财务压力。

对于企业老板来说，既要不断提高经营利润，还必须兼顾现金利润。

提高经营利润可以通过增加销售量、提升产品附加值和价格、降低各项费用开支、开辟新的业务领域等方式来实现。

保证企业现金利润可以通过减少账期、加速回款速度、减少库存资金占用、增加资金周转率、增加现金销售比率等方式来实现。

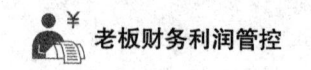

总体来说，企业必须要重视利润结构的合理性，保证企业利润结构与企业的资产结构相适应，现金利润与经营利润占比合理。只有这样，才能避免因现金利润短缺而导致的经营困难或资金链断裂等。

第四节　应收账款与利润的关系

应收账款属于企业经营利润的一部分，与企业的现金利润也息息相关。应收账款收回后，即可转化为企业现金利润。也就是说，企业应收账款直接关系着企业的现金流，要想避免企业遭遇现金流危机，就必须要重视企业的应收账款管理。

1. 降低赊销风险

在市场竞争越来越激烈的今天，赊销已经成为很多企业增加销售额、扩大市场影响力的重要手段。赊销固然可以推动企业的销售，但其中所蕴含的风险必须要重视并加以控制。赊销会导致企业把产品转化为现金的时间变长，使资金周转减缓，经营成本加大，且还要面临不能收回账款的风险。

降低赊销风险是一件非常重要的工作，企业可以通过制定保护措施，把风险降低到可控范围内。

在赊销前，要做好客户信用的调查工作，深入、细致地了解其偿债能力、经营信誉、是否有充足的抵押品或担保等，并将这些信息形成档案,在企业内部建立客户信誉分级管理。

控制赊销额度也是降低赊销风险的好方法,企业可以根据客户的信用情况确定其赊销额度,并制定相应的赊销境界点。确保不超额赊销,把赊销风险降低在可控范围内。

此外,还要重视企业的收款策略。一般来说延期越长的应收账款越难以收回,因此当应收账款到期还未支付时,一定要采取有力措施催收账款,催收无效可使用法律手段来捍卫企业的合法权益。需要注意的是,采取法律手段一定要谨慎,以免导致不必要的客户流失。

2.加强应收账款管理

对企业的应收账款加强管理,是有效防范风险、增加企业现金利润的有效手段。一般来说,加强企业应收账款管理可以从以下几方面着手。

(1)提高认识,树立严控不良应收账款的决心。不良应收账款是绝大多数企业都会面临的一个难题,如今因资产变现困难形成的不能按期偿还的应收账款并不少,甚至不少企业因此而破产。对此,企业老板一定要引起重视,并提高对应收账款管理的认识,坚定控制不良应收账款的决心,定期盘查不良应收账款情况,及时采取有力的催收措施,努力把不良应收账款控制到最低。

(2)完善企业对应收账款的管理制度,尤其是要建立控制不良应收账款的制度并保障制度的实施。一是建立信用评价制度,明确什么样的客户才可以达到赊销标准;二是建立完善的合同管理制度,对客户的赊销周期、付款方式、付款时间、违约责任等作出明确的规定并体现到合同中;三是建立应收账款的责任制度，也就是明确谁负责应收账款的跟踪和催收工作；四是建立合理的奖罚制度，对回款情况良好的员工进行奖励，对回款指标完成较差的员工进行惩处，以奖罚制度来督促员工积极地催收款项；五是建立应收账款分析制度，定期汇总到期未回款的项目，并分析原因，及时讨论对策，及时采取措施，进行控制，以把企业可能遭遇的损失降到最低。

（3）实施应收账款从产生到回款的全过程控制，有效防止企业不良应收账款的产生。不良应收账款的产生往往并不是突然出现的，常常是在账款到期前，就已经出现了蛛丝马迹，实施应收账款全过程控制，就是要时刻关注应收账款的情况，当明确知道客户即将有一笔资金进账时，就要盯紧客户，及时提醒、催促对方支付款项，如此一来可以有效防止企业不良应收账款的产生，把不良应收账款扼杀在萌芽阶段。

（4）组织专门力量，对已形成的不良应收账款进行清理。已经形成的不良应收账款，一般都回款困难，但这并不等于彻底无法回款，对此企业老板一定不能采取放任态度，而是应当及时组织专门力量，定期对已形成的不良应收账款进行清理，加大催收力度，制定相应的催收办法，比如以物抵债、分批付款等，尽最大努力减少企业损失，适当时候可以采取诉讼和资产保全等方式来维护企业的合法权益。此外，对于已经发生的不良应收账款，还可以通过应收账款追踪分析、应收账款账龄分析、应收账款收现率分析等方式强化管理和催收，建立应收账款坏账准备制度也有利于降低不良应收账款对企业造成的不良影响。

第五节 应付账款周期与利润

应付账款,即企业因购买商品以及接受劳务等经营活动应支付的款项。应付账款周期,顾名思义,就是企业从产生应付款项到实际付款中间的时间。从企业经营角度来说,企业的应付账款周期与企业的现金利润息息相关,每一笔支付出去的款项都需要从企业的现金利润中扣减,也就是说,应付账款周期越长,企业的资金压力越小。

应付账款周期可以用应付账款周转率和应付账款周转天数来表示,企业老板也可以通过分析企业的应付账款周转率和应付账款周转天数,来评估企业的应付账款周期情况,倘若明显低于所在行业的平均水平,则可以对企业的应付账款周期进行相应调整,来进一步减轻企业的资金支付压力。

1. 应付账款周转率

应付账款周转率,可以反映企业应付账款的流动程度,计算公式为:应付账款周转率=(主营业务成本+期末存货成本-期初存货成本)/平均应付账款×100%。此外,销售成本/平均应付账款也可以得到应付账款周转率。

那么,怎样评估企业的应付账款周转率是不是合理呢?应付账款周转率,实际上检验的是企业免费使用供应商资金的能力，一般可以通过对比企业所在行业的平均水平或同等规模企业的应付账款周转率来进行分析，倘若企业的应付账款周转率高于同等规模的企业，那么说明企业在免费使用供应商资金方面还有扩展的空间，可以比照同等规模企业的水平，通过延长账期、多次分批支付、减少现款支付比例等方式来进行调整。需要注意的是，应付账款周转率过低，也需要引起警惕，说明企业占用供应商货款过多，承受的还款压力较大。

此外，还要重点关注企业的应付账款周期率的变化，倘若企业的应付账款周期率快速升高，可能预示着原材料供应吃紧，供应商谈判优势增强并要求快速回款等情况。总体来说，企业在财务管理上，要尽可能使应收账款周转率与应付账款周转率接近，如此一来现金流入与现金流出才能相抵，要避免应付账款周转率的恶化，否则很容易导致企业出现现金危机，影响企业财务的正常运转和企业经营的正常进行。

2. 应付账款周转天数

应付账款周转天数，即企业付清供应商欠款的天数，是评估企业经营能力的一项重要指标。应付账款周转天数，也叫平均付现期，计算公式为应付账款周转天数 =360/ 应付账款周转率。

一般来说，企业的应付账款周转天数越长越好，在实际企业经营中，只有市场地位较强、采购量大、信誉好的企业才能在应付账款周转天数上占据主动权。也就是说，企业单方面延长应付账款周转天数，往往是难以实现的，必须要得到供应商的认可和同意。企业要想延长应付账款周转天数，一是要努力提升企业的规模、市场占有率、销售额等，通过增强市场地位来获得供应商的信任；二是要通过集中采购或联合采购等方式尽可能地减少采购次数、增加采购量，以此来获得与供应商谈判的议价优势；三是必须维护好企业的信誉，一旦信誉破产，就很难再找到愿意赊销的供应商。企业的信誉维护是一项长期的工作，在经营活动中要时时刻刻爱惜企业的信誉，好的信誉是赢得供应商信任的最有力武器。

应付账款周期与企业现金利润、现金流、应收账款周期等息息相关，只有使其达到一个动态平衡的状态，才能有效保证企业财务的平稳运转。

第六节　库存与利润的平衡之道

算算账，企业利润很不错，可账上却没钱，利润去哪了呢？都变成了库存。连续经营几年，利润不断攀升，但企业账上始终没钱，倒是库存越来越多，辛辛苦苦好几年，结果只赚了一堆库存。

在实际企业经营过程中，库存吃掉企业利润的现象并不少见。企业要想获得更多的现金利润，就一定要想办法降低库存。

在企业财务工作中，库存被视为一种资产，是指企业持有的产品、生产过程中的半成品、材料等。尽管库存是一种资产，但从企业经营角度来说，会占用大量资金，还会产生仓储费用。此外，库存还会造成大量人力的浪费，库存越多，定期盘库就会花费越多的人力。

增加库存周转率可以在一定程度上降低库存给企业带来的资金压力，但最根本的做法还是要降低库存。

要想解决好企业的库存问题，我们首先要了解库存的构成。以库存用途为标准，可以把库存分为三类：

（1）周转库存，主要由存储待发的成本、成产半成品、原材料组成，造成周转库存较大的原因是库存周转率低下，只要提高库存周转率即可起到立竿见影的效果。

（2）安全库存，其作用是为了应对需求和供应的不稳定，比如价格波动较大的原材料，为了降低企业成本，在价格低迷时大量采购存储就属于安全库存，安全库存过大的原因主要是需求和供应的不确定性，企业可以通过大数据统计分析，与供应商建立更密切的战略联盟等方式降低需求和供应的不确定性，如此一来自然可以最大限度地压缩安全库存。

（3）多余库存，这是库存管理最重要，也是压缩库存的重点部分。多余库存的产生根源是企业组织行为的不当，比如"双11"前，B服装厂预测某款服装可能成为爆款，遂备货10万件，结果实际只卖出了2万件，剩下的8万件就属于多余库存。此外客户订单取消、为了降低成本而采取大批量制作等都会导致多余库存。要想有力压缩多余库存，企业要强化管理能力，运用互联网技术快速统筹诉求，借助强大的供应链，尽可能采取订单化生产，如此一来多余库存自然可以得到有效遏制。

总体来说，企业要想获取更大的利润，不仅要控制库存，还要将库存与改善供应链、平衡需求、供应结合起来，只有这样，才能真正让企业的库存管理提升一大截。

消除多余库存常用的方法有：ABC重点控制法、经济批量法、准时生产制库存管理方法。

（1）ABC重点控制法。即把企业的全部库存按照重要程度或价值高低，划分为A、B、C三类，并采用不同的库存管理方式。

最重要、价值最高的A类库存，强化库存的管理和控制，为减少存货积压，要精准计算经济订货量和订货点，通过减少订购量、增加订购次数来减少大量资金占用；一般重要、价值中等的B类库存按照常规方法管理和控制；不重要、价值低的C类库存，只需最简便的管理控制即可，可减少订货次数、适当增加每次订货数量。这种分类管理法，可以有效降低库存对企业资金的占用，大大降低库存的管理成本。

（2）经济批量法。这是根据单位产品支付费用最小原则确定批量的方法，适用范围比较小，库存耗用量或销售量固定、每次订货成本固定、单件库存储存成本固定、不考虑保险库存的情况下才可以使用这一方法。

（3）准时生产制库存管理方法。这是一种非常先进的库存管理方法，核心是以需定供、以需定产，也就是说，企业采购的物品可以通过要求供方按照所需产品、数量、规格、时间、地点等要求，将物品不多、不少、不早、不晚地送到指定地点，并保证物品的质量。生产的同步化和均衡化是准时生产制库存管理方法的突出特点,"适时、适量、适物"的生产可以做到"0库存"。如今已经有越来越多的企业借助互联网、大数据等朝着"0库存"而努力。

减少库存,避免不必要的库存浪费是增加企业现金利润的重要方法。库存所占用资金的多少、库存周转率的高低,直接关系着企业的现金流和生存。从企业经营的角度来看,降低库存并不是一朝一夕就可以做到的,需要长期摸索和长期关注、管理。

第九章

融资管理：
怎样做好企业筹资、融资工作

第一节　企业筹资、融资的主要方式

企业在生产经营和调整资本结构的过程中，往往会需要解决财务筹资和融资问题。为企业发展筹资、融资是企业老板的重要工作内容之一。下面，我们就来具体了解一下企业筹资和融资的主要方式。

企业筹资的方式主要有吸收直接投资、发行股票、利用留存收益、发行债券、融资租赁、借款抵押、商业信用七种方式。其中，前面三种方式筹集的是权益资金，后四种方式筹集的则是负债资金。

1. 吸收直接投资

吸收直接投资指的是企业通过协议等形式，吸收国家、法人、个人和外商等主体直接投入的资金，它是非股份制企业筹集权益资本的基本方式。

吸收直接投资的出资方式有货币资产出资、以实物资产出资，以及以土地使用权、工业产权、特定债权等无形资产出资，其中最重要的出资方式是以货币资产出资。

在吸收直接投资时，我们要先合理确定吸收投资的数量，选择最佳投资单位，和投资单位协商好投资数量和出资方式后签署投资协议，最后共同享受投资利润。

需要注意的是，吸收直接投资虽然可以有效增强企业实力，降低财务风险，但其资金成本较高，且容易分散企业控制权。

2. 发行股票

股票是股份公司为筹集股权资本而发行，表示其股东按其持有的股份享有权益和承担义务的可转让的书面凭证。公开发行的股票可以通过承销商直接向公众发售（现金发行），可以通过附权发行方式向现有股东出售（配股发行），也可以在股票市场上公开出售（私募发行）。

股票筹资的风险较小，而且可以优化企业组织结构。通过发行股票进行筹资时，企业既可以选择发行普通股，也可以选择发行优先股。

普通股是公司股份最基本的形式，股东只享有普通权利、承担普通义务，根据公司的经营业绩获取收益。普通股不需要到期还本，也不用支付定期定额的股息，所以财务负担轻、风险低，资金的使用限制也较少，但缺点是容易分散原有股东的控制权。

优先股是一种介于普通股和债券之间的有价证券，股息相对固定，股东没有参与公司经营的权利，且不能退股，只能由公司根据条款赎回股份。发行优先股既可以防止股权分散，还没有到期还款的资金压力，但其税后资金成本很高，而且发行效果也不如债券好。

3. 利用留存收益

留存收益指的是企业从税后净利润中提取的盈余公积金，以及从企业可供分配利润中留存的未分配利润，是企业将当

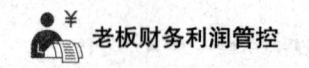

年利润转化为股东对企业追加投资的过程。

利用留存收益筹资不仅没有筹资费用,而且在让股东得到税收优惠的同时增强了企业信用,但筹资数量会受到某些股东的限制。

4. 发行债券

债券是社会各类经济主体为筹集资金而向特定或非特定的投资者发行并约定在一定期限内还本付息的一种证券。根据我国相关法律法规规定,只有股份有限公司、国有独资公司以及由两个以上的国有企业或者两个以上的国有投资主体投资设立的有限责任公司才有资格发行公司债券。

债券筹资的资金成本低,不影响股东的控制权,还有财务杠杆作用,但筹资风险高,限制条件多,而且筹资数量有限。

5. 融资租赁

融资租赁指的是出租人按照承租人要求融资购买设备,并在合约规定期限内提供给承租人使用,可以分为直接租赁、售后租回和杠杆租赁。

直接租赁是融资租赁的主要租赁形式,承租人直接向出租人租入所需要的资产,并按合同向其支付租金。

售后租回指承租人按照合同将自己所有且需要继续使用的资产卖给出租人,然后再将其从出租人那租回使用的租赁形式。

杠杆租赁则是一种特殊的融资租赁,涉及承租人、出租人和贷款人三方。在杠杆租赁中,出租人利用部分个人资金和贷款人提供的部分贷款购买资产,然后将资产出租给承租人使用，并定期收取租金。需要注意的是，出租人在购买资产时，个人出资额不能低于资产价值总额的 20%～40%，且出租人需要将资产所有权和收取租金的权利抵押给贷款人作为借款担保。

融资租赁的筹资速度快，但筹资成本高，还会增加固定债务。

6. 借款抵押

目前，我国各类企业的重要筹资方式就是根据借款合同向银行或非银行金融机构借款。

借款筹资的资金成本低、速度快、借款弹性好，但会增加公司的财务风险，且限制条款多，筹资数额也有限。

7. 商业信用

商业信用指的是企业间在商品交易中，由于延期付款或预收账款所形成的借贷信用关系，其具体形式一般包括应付账款、应付票据和预收账款。

商业信用筹资方便及时，筹资成本低，限制条件少，但其期限一般较短，且商业信用成本高。

随着互联网金融的蓬勃发展，企业的筹资、融资渠道也变得越来越多样化，企业老板可以根据所需资金的多少、企业的实际情况等综合考虑选择筹资、融资渠道，以尽可能低的资金使用成本来助推企业的长远发展。

第二节 预测企业资金的需求量

要进行企业筹资，老板首先要做的就是预测企业资金需求量。只有在估测企业未来组织生产经营所需资金后，才能确定合理的筹资规模，从而着手制订适合的融资计划。

一般来说，预测企业资金需求量主要有以下四大步骤。

第一步：进行销售预测。销售预测是财务预测的基础，指的是综合分析企业以往销售业绩和可能影响因素后对企业未来销售情况所做的预估。

在进行销售预测时，除了考虑公司生产状况、营销策略及销售人员等内部因素外，还必须考虑到外部多种因素的影响，外界需求的变化、行业市场的动向、经济环境的变动以及相关政策的调整都会影响到企业未来的销售情况。

第二步：预估所需资产。企业资产和销售量之间往往呈函数关系，通过预测销售量和历史资产销售函数，就可以预估未来所需资产总量。需要注意的是，流动负债和销售量之间也是函数关系，据此可以分析出负债的自发增长率，而负债的自发增长可以使企业外部融资数额降低。

第三步：预估收支和留存利益。企业收支和销售额之间也存在某种函数关系，所以通过销售额，可以推算出企业的收入和支出，从而得到企业的净利润。企业留存收益可以提供多少资金，由净利润和股利支付率共同决定。

第四步：确定外部融资金额。预估的所需资产总量减去已有资金数额、负债自发增长量和留存收益所能提供资金数额，就可以知道大致需要追加多少资金，从而确定外部融资金额。

作为企业老板，不仅要清楚预测企业资金需求量的步骤，还要对预测企业资金需求量的方法做到心中有数且熟练运用。预测企业资金需求量的方法主要有两种，一种是定性预测法，另一种是定量预测法。

1. 定性预测法

定性预测法一般适用于企业缺乏完备准确的历史资料的情况，是依据预测员个人的经验和主观判断预测能力来进行资金需求量预测的方法，主要包括专家调查法、市场调查法和相互影响预测法。

专家调查法，就是向有关专家或权威人士进行咨询的调查方法。首先，企业就预测资金需求量问题咨询专家，得到专家给的初步意见后再通过信函调查、座谈会等形式与本地区同类企业的实例进行比较分析，以修改完善初步意见，从而得出最后的预测结果。

市场调查法是企业组织人员通过统计抽样进行市场调查的调查方法，适合分析促销活动的长期效果。

相互影响预测法，即通过专家调查法和市场调查法得到的结果只能预测某一事件的发生概率和发展趋势，难以说明事件与事件之间是否存在联系。相互影响预测法则是对不同事件由于相互作用和联系而产生的概率变化进行分析，从而预测事件未来发生的可能性。

2. 定量预测法

定量预测法主要是依据资金的性质和数学模型来进行数量分析的方法，包括销售比例预测法和资金习性法两种。

（1）销售比例预测法是根据销售额与资产负债表中有关项目间的比例关系，预测各项目短期资金需求量的方法，一般可以通过编制预测资产负债表来进行预测。例如，某企业预测来年的销售额为300万元，且促销预算是预期销售额的5%，那么该企业来年的促销预算就是15万元。需要注意的是，该方法假设某项目和销售额的比例已知且不变，并假定未来销售额已知。

在使用销售比例预测法进行预测的时候，要先进行销售预测，预测未来销售总额和销售增长率，然后计算变动比率，确定资产、负债中与销售额有固定比率关系的敏感项目，从而确定资金需求总额，得到对外筹资所需数额。

外部融资需求=预计总资产-预计总负债-预计股东权益

（2）资金习性法是根据资金变动和产销量变动之间的依存关系，预测企业资金需求量的方法。根据资金和产销量之间的依存关系，可以将资金分为不变资金、变动资金和半变动资金三种。

①不变资金指的是在一定产销量范围内，不受产销量变动影响而固定保持不变的那部分资金，主要包括维持企业生产经营活动所需最低数额的现金、原材料的保险储备、必要的成品储备以及厂房机器设备等固定资产所占用的资金。

②变动资金指的是随产销量变动而同比例变动的那部分资

金，一般包括直接构成产品实体的原材料占用的资金。

③半变动资金指的是虽然受产销量变动影响，但不成比例变动的资金，如一些辅助材料上占用的资金等，可以根据一定的方法分为不变资金和变动资金两部分。

资金习性法的基本预测模型为：

资金总需要量=不变资金+单位变动资金×一定时期内的产销量

掌握了预测企业资金需求量的步骤和方法，企业老板就可以在专业财务人员的协助下来对企业筹资、融资金额进行比较准确地估算了。

第三节　怎样把握好融资的最佳时机

对很多企业老板来说，融资时机的选择是一件很困难的事。如果融资时机选择得早了，容易造成资金闲置，但若融资时机选择得晚了，又会失去最佳投资机会。此外，经济环境变化莫测，而市场和政策的变化都会对企业融资的难度和成本产生直接影响。因此，要想抓住最合适的融资时机，企业老板就需要考虑多方面的影响因素。

一般来说，企业融资的关键时间点要看三个周期：行业的发展周期、企业的发展阶段以及资本周期。

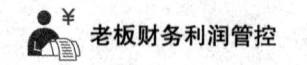

1. 行业的发展周期

行业的发展是有周期的,只要抓住行业的上升周期,就能享受行业增长机遇带来的红利。一般来说,行业的发展生命周期分为四个阶段:初创期、成长期、成熟期和衰退期。

一些行业在起步期早期很少能被人注意到,但这些新兴行业却往往有着巨大的发展潜力。2003年,淘宝成立,正是抓住了电子商务在中国的起步期,并因此收获了巨大的成功。

当行业发展到成长期时,就会开始受到关注,吸引众多投资创业者注入资本,例如2017年的共享单车市场。此时的热门行业仍然有着发展机会,但相应的市场竞争压力也大,可以说是机遇与挑战并存。

当行业发展到成熟期时,行业蛋糕已经基本被瓜分完毕。初创公司除非能通过独创的商业模式优化行业,否则很难发展壮大。

行业衰退期是一个考验投资者眼光的阶段。一方面,企业需要在行业衰退期中急流勇退,另一方面,每一个老行业的衰弱都意味着另一个新行业的兴起与代替,洞察先机的远见者就会趁机进行创业和转型。传统胶片产业霸主柯达的衰弱和专注数码研发的尼康的兴起就是最经典的案例。

2. 企业的发展阶段

企业发展阶段可以分为四个时期:初创期、发展期、扩张期和稳定期。在不同的发展阶段,会对应不同的融资方式。

企业初创期接触的一般是天使投资,到了发展期就会引入风险投资(VC),扩张期部分企业会引入私募股权投资(PE),最后则会进行上市(IPO)。

有些企业在项目起步期和资金枯竭期往往急于寻求外部资金支持，并因此选择融资。但事实上，这两种阶段都不是融资的最佳时机。

在项目起步阶段，企业缺少成型产品，对投资人来说缺乏吸引力，就算侥幸获得投资，也往往无法取得很好的估值。而在资金枯竭阶段，企业因陷入财务危机，不仅容易丧失谈判主动权、被趁火打劫，在风险等级调高后不容易获得满意的估值，而且因急于用钱，也很难有时间去寻找合适的投资人。

那么究竟什么时候才是最佳融资时期呢？答案是企业项目已经启动后，而且最好是在处于开始发展增速阶段但还没完成全部增长的时候。此时企业已经有了成型项目，可以向投资人进行更加直观的展示，甚至还可以通过已有盈利证明项目的可行性，以作为谈判的资本。此外，在这个阶段可以有充足的时间去寻找更多感兴趣的投资人，也有更多时间和投资方进行谈判。

必须注意的是，融资是一个长时间的过程。一般来说，创业公司的外部股权融资需要 1～9 个月的时间，具体时间长短根据公司发展阶段、融资金额和投资机构内部流程等多方面因素决定。总体而言，项目早期的投资额小，审核较快，而项目后期的投资额大，审核也较慢。

天使期投资评估时间一般在 1～3 个月，创业者需要花费 20 天左右签订天使轮 TS 协议，然后再进行尽职调查，签署 SPA 增资协议，直到最后打款至少需要花费一个月时间，而 A 轮则是 2 个月起步。在交割之前，企业项目必须保持增速状

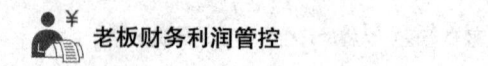

态，否则一旦项目数据下滑，就有可能会增加额外风险。

3. 资本周期

资本周期也是把握融资时期的重要因素。所谓资本周期，就是指一级市场和外部资金的充裕程度。企业经营者要想了解资本周期，可以和投资人以及相关服务机构多多交流。

总而言之，企业老板要想把握好融资的最佳时期，就必须充分发挥主观性，及时掌握国内外利率、汇率等金融信息，了解国内外经济形势和政策，超前思考，主动出击。此外，企业老板在把握融资机会的时候，还必须分析具体融资方式的优缺点，根据企业自身实际情况进行综合考虑，这样才能制定出最合适的融资决策。

第四节 融资时如何"包装财务"

融资时进行财务包装，不仅是为了吸引投资者的注意，也是为了展示企业的形象。而融资财务包装的好坏，有时则对中小企业能否顺利融到资金有着十分重要的影响。不少企业老板在"财务包装"方面存在认知误区，好的财务包装并不等于弄虚作假，掌握科学合理的财务包装方法和技巧，可以让企业的融资过程更顺利。

那么，对企业的财务进行包装，应从何入手呢？一般来说，可以通过优化企业财务结构和美化企业财务报表来实现。

1. 优化企业财务结构

企业财务结构指的是股东权益和负债的构成比例，对评估企业财务风险和效益有着直接影响。通过对企业财务结构的整体优化，可以有效降低企业财务风险，增加融资成功率。

企业财务结构的影响因素主要有以下两方面。

（1）企业内部影响因素。企业内部对财务结构产生影响的因素主要有三个方面：企业经营状况、企业资产结构以及企业经营者的风险意识。经营状况良好、固定资产较多的的企业偿债能力相对较好，负债率可以控制在比经营状况较差、流动资产较多的企业稍高的状态。

（2）企业外部影响因素。企业外部对财务结构产生影响的因素主要有五个方面：债权人态度、企业所在行业竞争程度、企业信用状况、税收政策以及证券市场状况。如果企业负债过多，其偿债能力就会受到影响，因此负债能力较多的企业在借贷的时候，债权人很可能不愿提供借贷，或在提供借贷的时候提出附加条款，而这些都有可能对企业的财务结构产生影响。所在行业竞争激烈的企业利润率低，偿债能力较弱。而现行税收政策规定企业可以在税前支付负债利息，企业负债反而可以节税，这对企业财务结构也有一定导向作用。

那么，如何才能优化企业财务结构呢？企业财务结构一般表现在资产负债率上，一旦资产负债率过高，就会影响企业后续发展。调整企业财务结构主要有两种途径：增量调整和存量调增。

（1）增量调整，是指当企业需要筹资时，尽量采取不同的筹资方式，以调整企业财务结构。现在有很多企业的负债偏多，此时若再通过负债的方式筹资，就会加剧财务结构的不合理，因此应当注重主权资金的增加。要想增加主权资金，可以从三个方面着手：利用国家的扶持资金，或利用国家"减税让利"等政策优惠；在境内外发行股票，筹集资本；资产负债率较低的企业可以在利率较低的时候通过发行企业债券降低企业综合资金成本率。

（2）存量调整就是保持资金总量不变，利用资产重组来进行财务结构的调整。存量调整的途径主要有三种：债转股、资产变现和债务重组。

有一些大中型国有企业，虽然发展前景不错，产品市场看好，但因为负债过多，发展受到阻碍。针对这类企业，国家实施了债转股的办法，可以将企业的债务转化为资本，大大缓解企业债务压力。

资产变现指的是企业以有偿的方式转让部分资产，然后用获取的资金减轻债务负担，从而达到财务结构优化。企业可以通过变卖闲置物资、出让土地使用权、催收应收账款等方式实现资产变现。

如果企业资产负债率过高，还可以考虑采取债务重组的方法实现财务结构优化。例如当国家调整政策降低利率的时候，之前以高利率贷款的企业就可以在政策规定范围内发行债券来偿还之前的贷款，从而使企业资金成本降低。

2. 美化企业财务报表

企业的财务报表是在融资时至关重要的数据参考，很多投资人从财务报表中可以直接看出企业目前所处增长阶段，甚至能从中判断企业未来的生产经营走向，因此美化企业财务报表也是融资成功的关键所在。下面就来介绍几个合法美化企业财务报表的小技巧。

（1）转化应收账款。企业可以将应收账款转化为保理融资，这样可以缩短应收账款回笼时间，降低应收账款资金占用成本，加速资金周转。

（2）将存货压给经销商。企业可以利用商务政策刺激经销商冲量拿货，通过预付款政策和保兑仓模式有效实现资金回笼。

（3）售后回租固定资产。企业可以将部分固定资产出售，然后再从买主处重新租回，也就是常说的售后融资租赁。资产负债率较高的企业可以通过售后融资租赁和表外融资，优化资产负债结构，使财务报表得到改善。

（4）压缩应付票据。企业可以用国内信用证替代银行承兑汇票，这样不仅能保证采购支付需要，还可以使资产负债率降低。

（5）压缩应付账款。企业可以将应付账款转化为应付商票，这样可以提前抵扣增值税，减少现金开支。

（6）制造预收账款。企业可以在预付账款融资项下采取差额退款模式，也就是所谓的保兑仓模式。

（7）调整财务费用和利润。当财务费用过高的时候，企业可以利用灵活的票据业务策略，调整企业之间的利润。

需要注意的是，企业老板一定要把握好"包装财务"的度，坚持在法律允许、合乎行业规范的基础上"包装"，以免弄巧成拙、得不偿失。

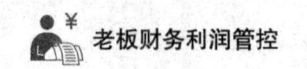

第五节　了解"财务对赌"的利与弊

有些企业在融资的时候，会选择进行"财务对赌"，也就是签订所谓的对赌协议。从整体来看，财务对赌可以促进融资方和投资方之间的合作项目，收获巨大利益，但在高回报的同时，也伴随着高风险。

对赌协议是投资协议的核心组成部分之一，英文直译为"估值调整协议"，指投资方对企业未来盈利能力持不确定态度下和融资方达成的约定。如果约定的条件出现，投资方可以行使一种权利；如果约定的条件不出现，融资方则行使另一种权利。从某种意义上来看，对赌协议实际上就是期权的一种形式。

对赌协议的主要类型有六种：股权调整型、现金补偿型、股权稀释型、股权回购型、股权激励型以及股权优先型，其中最常见的是股权调整型对赌协议。

对赌协议中的风险因素主要有以下四个方面。

1. 不切实际的业绩目标

很多时候"战略层面"和"执行层面"完全是两码事，"战略层面"的业绩目标往往只是一个不考虑其他因素的理想化数值，而当这些所谓的战略目标真正开始被落实的时候，就要考虑现实中的诸多因素，以此来确定"执行层面"的业绩目标。因此，"执行层面"的业绩目标往往会和"战略层面"的业绩目标有较大偏差。

一旦有强势意志的投资者资本注入了隐含不切实际的业绩目标的对赌，就会使企业本身商业模式的不成熟和发展战略的错误放大。企业家和投资者必须注意区别"战略层面"和"执行层面"的不同之处，以免在对赌时因不切实际的业绩目标而陷入困境。

2.急于获得高估值融资

有些企业对自己的未来发展充满信心，在对赌的时候，就会因急于获得高估值融资而大夸海口，设定高额对赌条件和目标，而忽略了企业发展过程中可能会遇到的风险和变数。企业在签订对赌协议的时候，必须认真考虑可能会因内部或者外部经济大环境的不可控变数带来的负面影响，详细衡量和投资人要求的差距。

3.忽略控制权的独立性

商业对赌协议是在融资方和投资方的相互尊重下建立的，然而有部分投资方因为资金紧张，有时为了获取利润，会向投资的目标公司安排高管，插手融资公司的管理事务，甚至调整融资公司的有关业绩。因此，融资企业在签订对赌协议的时候必须重视企业控制权的独立性，注意保持企业决策的独立性。

4.因业绩未达标而失去控制权

一般来说，国内企业间签订的"对赌协议"的属性都比较温和，但大部分国外的投资方在签订对赌协议的时候对所投资企业的业绩要求十分严厉,有些融资企业甚至可能因为业绩发展过于低于对赌时的预期水平而失去对企业的控制权。

企业老板在签订对赌协议的时候,必须意识到有可能因业绩未达标而失去控制权的风险因素,再酌情考量对赌协议中的具体条款。

作为老板一定要清楚签订对赌协议的利与弊,只有这样才能做出最恰当的正确选择。对赌协议可以在保护投资人利益的同时激励融资方,推动双赢局面,但其中也有严重的弊端。

1. 融资方签订对赌协议之利

(1)满足资金需求。对融资企业来说,签订对赌协议最直观的好处就是可以方便快捷地获得大额资金注入,满足企业发展中的资金需求。通过签订对赌协议进行融资,不需要出让企业控制权,只要在协议规定范围内完成对赌条件即可,其资金的利用成本相对较低。

(2)获得国际化通道。融资企业不仅能通过风险投资机构获得资本注入,还能借此取得和国际长期投资者合作的机会,使企业的国际化水平提高,并据此获取更多的潜在利益。无论是创业型企业还是想要开拓更大市场的企业都很需要国际性风险投资机构的认可,这种认可可以让他们在未来有更好的发展。

2. 融资方签订对赌协议之弊

(1)需要承担高风险。部分企业为了获取风险资本的支持,不惜以企业所有权、控制权及收益权作为赌注签订协议。一旦经营环境发生变化,无法按时达到原先约定的业绩目标,企业就会损失惨重,必须通过割让大额股权等方式补偿投资方。

（2）必须承受各种限制性条件。风险投资机构在签订对赌协议的时候可能会对融资方做出各种条件限制，而这些条件限制有可能会影响融资企业的未来发展。

（3）可能影响企业长期发展。很多融资企业管理层为了完成对赌协议中的业绩目标，不惜采取短期行为，过度开发企业潜力，走向过度追求规模的非理性扩张。此外，对赌协议还可能在一定程度上对融资企业内部的治理产生破坏，导致企业重业绩轻治理、重发展轻规范，对企业的长期发展不利。

总之，身为老板，面对"财务对赌"一定要慎之又慎，切不可轻率做出决定。

第六节　融资过程中的财务管理

在融资过程中，企业同样需要面临财务管理工作。如果能在融资过程中做好财务管理，不仅有利于应对融资需求，节约企业经营成本，增强融资决策效率，避免因错误估算融资范围引发资金短缺或过多的局面，同时还能降低融资成本，使企业资金的有效使用得到保证。

一般来说，企业融资时可能遇到的财务管理问题有以下四个方面。

1. 用贷不合理

很多企业为了扩大集团的融资规模，往往会利用信贷政策的地域性差异和产业性差异，通过成本较低、更加便利的融资渠道进行借贷。子公司和母公司借贷的资金会先发放给集团总部，然后再由资金管理部门分配到下属的各个企业。在这个过程中，用款主体和借款主体其实是分离的状态。如果企业集团的实际用款和多头融资之间存在差异，就会使融资的风险增加。一旦企业在没有考虑到自己实际经济状况的情况下盲目投资新领域，就可能导致资金难以周转，影响公司发展。

2. 融资渠道单一

现在我国的很多企业的融资渠道都较为单一，不利于企业优化资本结构。在资本市场中，企业获得资金的融资方式多为股票发行，而我国企业财务涉及债券市场的部分较少，融资方式多为银行贷款。

3. 企业管理人员素质不过关

企业在融资过程中往往需要规避现金风险、收益风险、融资风险等多种风险，但现在有些财务管理人员往往缺乏相关意识，既不能协调融资风险和投资风险，也无法针对融资风险进行有效的防范和应变。

此外，很多财务管理人员的融资专业水平也不达标，不仅不能及时判断市场趋势，科学审核和选择企业融资方案，而且缺乏科学的融资财务管理理念，不能统筹管理企业的成本收益。

4. 责任监督体制不明确

一些企业在融资的过程中没有明确的责任监督体制划分，

可能会使融资风险增加，不利于企业发展。

那么，身为老板，如何加强企业融资过程中的财务管理工作呢？

1. 健全财务管理核心体系

企业要想提高工作效率和经济效益，就必须让生产管理、质量管理等各项管理工作服务于企业的经营。必须要建立起以财务管理为核心，各项管理制度之间互相补充和协调的财务管理体系，并不断对财务内控的流程运行进行优化，以确保企业财务管理的顺利开展。

2. 加强成本效益管理

企业在进行融资的时候，有时会支出一定比例的成本，以确保融资能够顺利有效进行。因此要想使企业的融资效果得到提高，就必须在财务管理工作中加强成本效益管理。成本效益管理的加强主要可以通过以下几个措施来实现。

（1）贯彻成本效益管理理念。企业要想在融资的时候确保成本效益管理取得良好效果，就必须先了解并贯彻成本效益管理理念，然后结合企业融资的实际情况，依据成本效益管理工作原则去使管理的实效性得到加强。

（2）推动成本效益管理。根据成本效益管理的有关理论，制定成本效益的具体管理措施。必须明确划分企业内部工作的职权，通过岗位责任制将责任落实到每一个人。加强完善企业内部的应收账款和成本分析，建立内部银行结算办法，确保资金能够被合理使用。此外，还要积极地对呆滞的资金进行处理，用活流动资金。财务和销售部门的工作人员可以根据欠款人的不同情况选用不同的政策，以达到资金收支渠道的畅通。

（3）加强资金经营管理。为了保证资产的保值和增值，企业必须建立资产营运系统，用于进行资本营运、资产控制及收益分配。完善的资产营运系统可以加强企业资产管理，减少随意报废资产和无序投入资产的乱象。各单位上报资产运营情况之后，对资产的完好程度和使用频率进行分析，从而使资产的投入利用效率得到提升，让企业的融资更加合理。

（4）加强负债融资管理。有些企业会适当利用负债经营的方式，提高其的市场竞争力，以促进企业发展。然而负债经营方式一旦使用不当，就会让企业陷入濒临破产的危险境地之中，因此在进行负债融资的时候，企业必须加强相关的财务管理工作。

企业老板必须树立负债经营的风险意识，根据市场情况，健全财务信息网络和风险预防机制，以预测和防范财务风险。企业在负债融资的时候，老板必须确定好负债数额，并严格保持负债比率。此外，财务管理人员还要不断优化企业资金结构，在获得财务杠杆利益的同时，做好筹资风险损失的预防工作。

第十章

投资管理：
让企业资产实现不断升值

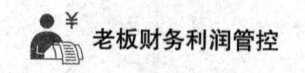

第一节 老板会经营，还要会投资

从本质上来说，企业运营就是在不断地投资盈利然后再投资再盈利。公司运营需要资金，出色的公司老板不仅能通过经营公司获取利润，还能通过盈利之后进行的有效投资赚取更多资本。

企业投资是财务管理学中的一种经济行为，企业将一定量的资金投入到某项经营活动之中，希望在未来的时候可以获得利润或是达到其他经营目的。投资可以分为广义和狭义，广义上的投资指的是企业全部资金的运用，也就是企业全部资产的占有，除了投放在固定资产等方面的长期投资外，还包括投资在流动资产等方面的短期投资。

在市场经济条件下，企业是否能够进行有效投资，即将资金投入到高收益、低风险的项目上去，对企业的生存和发展至关重要。下面就来简单介绍一下企业成立投资公司有哪些好处。

1. 投资对人类社会生存发展来说是必要前提

只有有了充分丰富的物质基础，才能促进人类社会的生存和发展，而投资则是企业创造财富的必要手段。如果企业可以进行有效的投资活动，那么不仅可以为其自身创造财富，还可以替社会创造财富,对于全社会的生存和发展来说都是一件好事。

2. 投资对企业自身生存发展来说是必要手段

企业的生产经营其实就是运用企业资产和转换企业资产形态的过程。企业以预先垫付的形式进行投资,通过支付一定数量的货币或是实物形态的资本购买长期资产和固定资产,从而获得生产条件和生产能力。而在这个过程中,不管是新企业还是新生产流水线的创建,都是投资行为的一种。企业可以通过投资确定经营方向,配置企业资产,并由此有机结合形成企业的综合生产经营能力。企业在涉足新行业或是进行新产品开发之前,也都会进行先行投资。

对企业来说,投资不仅可以维持简单再生产,还能扩大再生产。当今社会科技迅速更新、经济日益发展,此时要想顺利维持简单再生产,就必须及时更新企业使用的机器设备,改良现有产品和生产工艺,提升企业员工的科学技术水平等;要想继续进行扩大再生产,就必须新建扩大企业生产所用厂房,增添企业生产机器设备,增加企业员工人数,提高企业员工素质等。投资是企业维持生存、图谋发展的必要手段。

3. 投资是实现财务管理目标的基本前提

要想实现企业的财务管理目标,就得不停地创造企业价值。企业吸引投资者进行投资的主要市场价值并非是企业所拥有的设备、厂房、土地和员工等生产要素,而是企业在投资活动中购买生产所需生产要素并将它们有效结合后充分发挥效益创造企业财富的综合能力。比起企业购买所需生产要素耗费的企业资产账面价值,企业经营者利用这些生产要素创造企

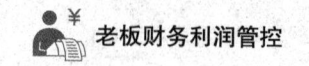

业财富的能力更能决定企业价值的关键。

企业越可以稳定地创造出越多的现金收益，就越有企业价值，而企业价值创造能力的主要实现途径就是企业投资。只有通过有效投资将企业越做越大，才能让企业相关的利益方都从中受利，获得财富。

此外，企业还可以通过投资将大量的现金资本转化成优良资产，充分利用企业现金流的同时从中获取更多的资本收益。

4. 投资可以使企业经营风险降低

在企业生产经营的过程中，往往面临着诸多风险，而投资则可以有效使企业经营风险降低，对于企业风险控制来说是一种重要手段。

如果企业向生产经营的关键环节或薄弱环节进行投资，就能实现企业各种生产经营能力的配套和平衡，提升企业的综合生产能力。如果企业向多个行业进行投资，尤其是向和企业本身所经营行业相关程度较低的不同产品或不同行业进行投资，就可以通过多元化经营使企业销售和获利的稳定性得到提升，使得资产的流动性风险和变现风险下降。

总而言之，投资对于企业老板来说具有相当重要的战略意义，企业老板可以通过投资实现产业链和社会资源的整合，使得企业核心竞争力和软硬实力得到增强。一般来说，越是规模大的公司，就越重视企业的投资管理。

第二节 常见的企业投资方向

企业通过有效投资可以获取资本利润，促进企业的发展壮大。所谓企业投资方向，指的就是企业以自身投资动因为根据，选择投资的特定生产或服务领域，也就是企业选择进行投资的生产经营范围。

正确的投资方向不仅可以使企业的投资风险降低，还能帮助企业确定合适的投资方式，不同的投资方向则会直接影响企业投资的效益。

一般而言，企业投资方向的常见类型主要有四种：原有生产经营内容保持不变、以维持或扩大现有生产或服务能力为目的的投资，原有生产经营内容保持不变、同时在本行业内增加新的生产经营内容的投资，以行业内彻底转产为目的进行的投资以及以实现跨出原行业从事生产经营活动为目的而进行的投资。

1. 原有生产经营内容保持不变、以维持或扩大现有生产或服务能力为目的的投资

有时候企业所经营的产品处于产品经济寿命期中的成长阶段，可以保持若干年的稳定销量，但现有的生产设备比较落后，需要报废更新，或是现有生产能力远低于市场需求，无

法形成规模效益。在这种情况下，企业为了满足生产和发展的需要，就可以选择原有生产经营内容保持不变、以维持或扩大现有生产或服务能力为目的的投资。

此时企业的投资方向应该以原有生产方向为基准，在和原有生产方向保持一致的前提下，定位于对现有生产设备或资产的更新改造，或是通过引进新生产形式进行改扩建，例如可以再引进一条和原有生产内容相同的生产线，以提高生产能力。

2. 原有生产经营内容保持不变、同时在本行业内增加新的生产经营内容的投资

这种投资方向也十分常见。如果一家企业的生产能力和主要经营产品都可以被市场充分吸纳，而同时期采用新技术的其他同类产品在市场中的需求趋势看好，很有发展盈利的空间，那么该企业在有开发研究条件的前提下，就可以投资开发和生产同类新产品。

此时企业的投资方向与其原有生产方向有一定差异，开发和生产的产品也不同，但是仍然属于本行业内。

3. 以行业内彻底转产为目的进行的投资

有些企业的现有生产技术已经严重落后，完全跟不上市场消费需求，或者是现在主要经营的产品生产成本耗费太多，无法得到稳定地原材料供给，抑或是销售模式等存在重大问题，以至于企业的盈利过低甚至出现严重亏损的情况。在这种时候，企业已经不需要继续保留原有的生产经营内容，而是要为了摆脱落后的发展状态而进行彻底的行业转型。

此时企业在进行投资方向选择的时候，一般还是会定位

于企业所处行业之内，但这种投资会带来相当深远的连带影响，不仅会全面涉及企业资产存量的调整转移，直接影响企业的资产结构调增，还会通过处置利用现有机器设备、重新配置组合企业劳动力，实现人力、物力等资源的重新分配和组合，清理并重建企业的各种外部协作关系。

4.以实现跨出原行业从事生产经营活动为目的而进行的投资

一般来说，这种投资主要分为两种情况：一种是完全或部分保留企业原有经营内容和产品不变，在此基础上进行跨行业投资；另一种则是完全终止企业原有经营内容和产品，进行全面的"跨行业"投资。

（1）完全或部分保留企业原有经营内容和产品不变，在此基础上进行跨行业投资。举例来说，某从事电解铝行业的企业，因为电力部门无法满足企业生产用电的需要而致该企业不能充分开工。为了解决电力供应问题，企业不得不自己筹措资金，投资自建附属电厂，或选择和电力部门一起联合建厂。这就是完全或部分保留企业原有经营内容和产品不变，在此基础上进行跨行业投资的典型案例。

此外，有些发展良好的企业为了获取更大的利益，会在继续进行原有产品生产的同时，将盈利收入的一部分用于投资其他行业的项目，以达成对其他企业的参股或兼并。这也属于该种投资方向，且一般出现在经营情况良好、资金雄厚的企业中。

（2）完全终止企业原有经营内容和产品，进行全面的跨行业投资。这种完全终止企业原有经营内容和产品的跨行业投资,是一种很"决绝"的投资方向,会受到企业现有资源存量等多种条件和因素的影响与限制,因此选择这种投资方向的一般不会是体量较大的企业,而是规模较小、生产能力较低且生产方式多为劳动密集型的企业,特别是一些乡镇企业。

在现实社会中,企业的投资项目是非常多元化的,要想达到企业资产增值的目的,老板需要频繁关注不同的投资领域,并结合企业可用于投资的金钱数额、投资需求、目标收益率、风险承受能力等来选择合适的投资方向和投资项目。

第三节　企业投资需要注意哪些问题

在实际投资经济活动中,一直都存在着不少因投资入股而产生的经济纠纷。因此企业老板在投资的过程中,也需要注意很多问题。一般来说,企业投资入股的注意事项主要有以下三个方面。

1. 选择投资企业

在选择要投资的企业时,不仅要调查清楚该企业的财务状况、流动资金、股份构成、债务情况、经营情况、盈利能力、公司人员工资水平等基本情况,还要注意要投资企业的企业文化和现任总经理的经营理念。此外,所投资企业最好有严格的财务公开制度,以确保所投资金能够被合理地使用在所投项目上。

2. 选择投资项目

（1）注意对项目的前期分析。要想将书面上的战略决策变为现实，就必须对投资项目进行前期分析。企业要从法律、市场前景、财务和整合资源能力等多个角度分析实施项目的可行性，并且注意分辨投资产品所在行业所处的发展阶段，是属于朝阳行业、成熟行业还是夕阳行业。

（2）注意投资项目的安全问题。在进行项目投资时，最需要考虑的因素便是产品生产过程中的安全问题，包括产品使用的安全、生产环境安全、员工操作安全以及劳动保护等多个方面。生产和产品的安全问题与企业的生存与发展息息相关。

（3）注意投资项目的环保。随着我国经济水平的提高和大众环保意识的增强，国家对企业环保问题整体要求也在不断提高。现在实行环评一票制，如果投资项目存在带污染性的三废外排问题，投资设计时就必须提前考虑要采取什么样的措施去达标排放，否则预计的项目收益就会因为处理未来的废水、废气等环保问题的额外开支而减少。

此外，国家相关政策的倾斜对行业也有很大冲击力，因此在进行企业项目投资的时候必须考虑环保事项。

（4）注意与企业现有产业相衔接。如果想在投资中获利，就必须充分发挥企业优势，节约各种支出。很多企业在现在所从事产业领域已经有了比较深入的了解和较为成熟的运作，而这些就是企业的优势。只要提高现有资源的利用率，就能有效节约支出、控制成本。因此，企业在进行新的投资时应当首选能和企业现有产业链相衔接的项目,这类项目的成功可能性相对较大。

此外,在投资项目的时候,无论项目种类和大小,决定企业获利能力的关键因素都是企业管理水平的高低。不同企业类型有着不同的管理方式和方法,工业与商业、技术密集型、资本密集型、劳动密集型企业、不同地区间企业的管理要求都会存在非常大的差异。在选择投资项目的时候,企业必须先了解项目行业特征和管理特点,注意与企业现有产业链相衔接。

(5)注意与所在地区产业相连接。在行业布局中,原料集散市场和产品的集中展示集散市场至关重要。这些区域里所有生产资源、技术资源、市场资源、劳动力资源相对集中并配套,形成了费用较低的经济圈。如果企业投资的时候能考虑到地区优势,也会大大提高成功的概率。

(6)注意与现有营销体系相连接。在项目投资中,产品销售是非常重要的一环。一个投资项目能否成功,就要看项目产品是否可以按预期实现销售并获利。不同性质的产品需要建立不同的营销体系,而建立符合产品特征的营销体系需要花费巨大。因此,在投资项目时就应注意与现有营销体系相连接,最好选择营销特点与现有产品相一致或相仿的项目产品。

3. 注意控制项目投资总额

项目投资总额的多少对项目技术含量的高低和投产后产品的总成本水平的高低有着决定性影响。在项目投资的过程中施工方案可能会发生变化,在项目施工的过程中也可能遇到未知事项，而种种意外变化都可能会造成超预算投资，最终导致投资效益、投资回报率出现偏差，甚至还可能因企业资金不足而产生烂尾工程。

因此企业必须根据自身财力，严格控制投资总额，尽量注意防止突破原有预算，避免投那些资金没有着落的项目。

确定了投资企业、投资项目、投资总额后，接下来就要签订投资合同，签订合同是一件非常严谨的事情，企业老板在签订投资合同时，要注意以下事项。

（1）要明确投资形式。企业在签订投资合同的时候，必须明确投资形式，具体说明是借贷还是入股。如果投资形式是借贷，就必须考虑行业风险溢价，以提高资金的回报率。如果投资形式是入股，则要详细注明所占公司股份的多少，写清相关的权利和义务。

（2）要限制公司现有资产。企业在签订投资合同的时候，必须事先了解所投企业破产时偿债的优先次序，并限制公司现有资产，明确规定不得将之随意用于抵押贷款，以免破产后失去所有所投资金。

（3）要确立责任体制和利润分配。企业在签订投资合同的时候，必须规定好管理层的责任义务，并要求按照月度或年度进行财务公开。此外，还要事先说明入股后是否参与经营和监管，并详细签订股份退出机制合同，以避免纠纷。

第四节　投资胜败要看投资回报率

所谓投资回报，指的是企业利用投资应当赚取的价值，也就是企业通过一项投资活动可以收获的经济回报。而投资回报率（ROI）则是指企业正常年度利润或年均利润占投资总额的百分比。投资回报往往是针对于某些特定年份来估算的，因此投资回报率也总是具有一定时效性。

投资回报率是评价企业投资胜败的最重要指标，不但可以衡量一个企业的盈利状况，还可以综合衡量一个企业的经营效果和效率。要想增加投资成功的可能性，企业老板在投资前一定要会算投资回报率。

1. 投资回报率的计算公式

投资回报率=年利润或年均利润/投资总额×100%

一般来说，该公式中的利润指的是公司的税前利润，也就是说：

投资回报率=（税前年利润/投资总额）×100%

在计算投资回报率的时候，应该先对某一个商业期满时企业所拥有的财产额进行计算，然后减去企业的期始财产（即企业最初投资额），将所得的结果除以企业期始财产再乘以100%，就可得到企业回报的百分比，即所谓的投资回报率。

用公式来表达的话就是：

投资回报率=（期末财产-期始财产）/期始财产×100%

还有一种计算投资回报率的方法，是先计算某一个商业期满时的企业收入，减去企业产品销售成本后，将所得的结果除以产品销售成本再乘以100%，用公式表达为：

投资回报率=（收入-产品销售成本）/产品销售成本×100%

举例来说，如果某企业的某种产品的生产成本为10元，售价为20元，当年销售额为6万件，为了销售产品支出的宣传和销售费用为20万元。那么该企业的总成本为60万元生产成本加上20万元宣传费用，一共80万元，总销售额为120万元，投资回报率应为：

（120万元-80万元）/80万元×100%=50%

一般而言，企业可以通过两种方法提高投资回报率，一种是降低销售成本，提高利润率，另一种则是提高资产利用效率。

2. 投资回报率指标的优缺点

投资回报率不是万能的，在使用投资回报率来衡量某项目是否值得投资时，清楚这一指标的优缺点，对于老板来说显得十分重要。

（1）投资回报率的优点：投资回报率计算简单，且在计算过程中避免因投资额不同而导致的利润差异的不可比因素，因此横向可比性较强，有利于判断各投资中心经营业绩的优劣投资利润率。企业不仅可以通过投资回报率了解投资中心的综合盈利能力，还能以此作为选择投资机会的依据，有利于优化资源配置。

（2）投资回报率的缺点：一是投资回报率缺乏全局观念。当投资项目的投资回报率低于某投资中心的投资回报率而高于整个企业的投资回报率时，虽然会很受企业青睐，却可能会被投资中心拒绝。而当投资项目的投资回报率高于该投资中心的投资回报率而低于整个企业的投资回报率时，投资中心可能会只为了自身利益而选择接受，不顾企业整体利益是否会因此受损。二是投资回报率在计算过程中没有考虑到资金时间价值等影响因素，无法正确反映建设期长短及投资方式不同和回收额的有无等条件对项目的影响，且分子、分母计算口径的可比性不高，不能直接利用净现金流量信息，只有当投资项目的投资利润率指标大于或等于无风险投资利润率的时候才具有财务可行性。

3. 解读投资回报率的方法

（1）投资回报率与风险成比例。一般来说，投资的风险程度越大，投资者对回报的期待也就越多。如果所要投资的项目有很高的风险，那么投资者就会想要收获足够高的回报率。

投资中有两个风险因素，一是时间，二是流动性。从理论上来说，投资项目所要花费的时间越长，相应的投资回报率就应该越高。因为在投资中，资金被用的时间越长，因某种不可预见的意外而导致损失的可能性就越大。而作为投资者，在承担这种风险的同时自然会希望能有所补偿。

投资的时候还必须考虑资金的流动性。一般来说，资金流动性指的是在投资项目中资金投入和抽回的容易程度。如果在投资方急需用钱的时候可以较为容易地将注入的资金从投资项目中抽回，那么这项投资的资金流动性就强，也就是说资产兑换为现金的难度低。

总而言之，投资回收所需时间越长，相应的回报就应该越高。而投资资金越容易收回，相应的投资回报就可能越低。

（2）投资小企业应考虑的风险和回报。尽管从某些小企业可以获得不错的投资回报率，但大多数小企业的投资风险也很高。投资小企业是一件机遇与风险并存的事情，因此在进行投资之前，必须事前做好失败的思想准备才行。

第五节　现金流与企业投资的平衡之道

现金流就是现金流量，一般指在整个生命周期内投资项目所产生的现金流出和现金流入的全部资金收付数量。现金流量在评价投资方案经济效益的时候至关重要，也是对项目可行性进行评价时的主要指标。

投资决策时评价投资项目设计效益或计划效益的主要依据就是正确估算建设项目的现金流。现金流的具体内容可以分为现金流入和现金流出两部分。

现金流入就是指投资项目中的全部资金收入。现金流入主要包括三项：营业收入、残值收入或变价收入、收回的流动资产。营业收入指的是投资项目在经营过程中出售产品所得的销售收入。残值收入指的是投资项目的固定资产在使用期满时的残值，而变价收入则是指投资项目因故未到使用期满时通过出售固定资产所获得的现金收入。收回的流动资产指的是投资项目在生命周期满时所收回的原流动资产投资额。此外，投资项目在实行某项决策后的成本降低额也作为现金流入。

现金流出就是指投资项目中的全部资金支出。现金流出主要包括三项：固定资产投资、流动资产投资和营运成本。固定资产投资指的是在项目投资过程中用于购入或建造固定资产的各项资金支出。流动资产投资指的是项目投资中存货、货币资金和应收账款等项目所需要占用的资金。营运成本指的是投资项目在经营时所需要支出的生产成本、管理费用和销售费用等，一般表示为全部成本费用减去折旧后的余额。

1. 企业评价投资项目可行性的方法

企业在评价投资项目可行性时主要有两种方法：动态法和静态法。

（1）所谓动态法，就是以资金成本为折现率，进行现金流量折现，如果现金净流量大于 0 或现值指数大于 1，就说明该投资项目可以接受，反之该投资项目不可行。

（2）所谓静态法，就是将投资项目的回收期（也就是原始投资额）与每年现金净流量相除，如果计算结果小于预计的回收期，就说明投资方案可行，反之则投资方案不可行。

2. 现金流与企业投资的平衡之道

企业要想避免因投资率或增长率超限而导致的现金流断流风险，就必须在进行投资现金流管理的时候注意战略现金流与自由现金流的匹配。这些匹配包括投资现金流出需求与企业目前的自由现金流的匹配，投资现金流与所投项目未来可能产生的自由现金流的匹配，作为补充的融资现金流与企业未来自由现金流的匹配。

（1）投资现金流出需求与企业目前的自由现金流的匹配。所谓投资现金流出需求与企业目前的自由现金流的匹配，就是要让投资现金流与所用现金的期限相匹配。

企业在进行不同项目的投资时，需要占用的投资现金流的时间长短也会有所差异。如果企业所用投资资金是自身所产生的自由现金流，那么就必须关注目前业务所产生的自由现金流是否可以满足投资现金流的需求。如果企业所用投资资金是融资现金流，那么融资现金流的可用期限必须和投资项目的回收周期相匹配。

（2）融资现金流与企业未来现金流匹配。企业在投资的过程中，还要注意融资现金流与企业未来现金流匹配，也就是要让债务性融资现金流与未来自由现金流的匹配和融资现金流与未来融资灵活性匹配。

（3）现金流的战略储备与未来投资机会的匹配。企业在做现金流的战略储备时，必须先对未来的投资机会进行分析和评价，测定出未来战略机会的可能性、迫切性和回旋性的大小以及需要的紧急现金流量的大小，然后据此确定需要储备的战略现金流的大小和时间长短。

要想实现企业的可持续发展，就必须通过企业现金流的综合平衡法则实现现金流的平衡。然而现金流管理的平衡并非只是以上三者的个别平衡或单一平衡，而是要达到各个方面的综合平衡，综合平衡的标准或结果就是企业的可持续发展能力。

在企业超过自身偿付能力,通过过度负债性融资实现现金流的增长和维持投资性现金流的增长的情况下,一旦公司经营性现金流的增长不足以补偿负债融资性现金流的流出需求,或者新创造的投资项目的经营性现金流达不到预期效果,企业就会陷入危机。因此,企业要在发展可持续增长能力的过程中,还必须寻求到最佳的现金流结构,而不要一味依赖负债取得发展所需要的现金流。

第六节　企业投资的机遇与风险

企业投资中充满机遇,但同时也总会伴随着风险。所谓投资风险,就是指投资主体为实现其投资目的而对未来经营、财务活动可能造成的亏损或破产所承担的危险。

一般来说,投资风险可以分为购买力风险、财务风险、利率风险、市场风险、变现风险和事件风险几个类别。无论是政府政策的变化、管理措施的失误、形成产品成本的重要物资价格大幅度上涨或产品价格大幅度下跌、借款利率急剧上升都会导致投资风险。

投资风险的成因是比较复杂的,总的来说可以归结为五大原因。

（1）投资主体多元化、投资决策和管理水平相对滞后。很多企业为减轻经营风险，常常会选择多元化经营。然而不同的行业不仅在技术形态上各不相同，在财务管理上也有很大差异。如果在跨行业投资中投入过多资金，一旦投资失败，就可能会遭受严重的财务风险。

（2）财务决策缺乏科学性。经验决策及主观决策都容易导致决策失误，使企业产生财务风险。

（3）企业管理人员风险意识不强。企业管理人员风险意识的强弱和有关财务人员的素质高低直接影响到企业投资的风险管理工作。

（4）企业内部财务关系混乱。有些企业内部各部门及上级企业之间，存在资金管理及使用、利益分配等方面权责不明、管理混乱的问题。这样无法保证资金的安全性和完整性，会导致资金使用效率低下、资金流失严重。

（5）企业无法适应其宏观环境。经济、法律、市场、社会文化、资源等宏观环境因素都会对企业的投资运营和财务管理产生重大影响。

那么，如何在企业投资中有限控制风险呢？企业控制投资风险的途径主要有以下几条。

1. 注重前期调研

在项目投资前期，企业必须先做好投资项目的风险调研工作，然后根据对项目风险的分析结果选择合适的投资方向。

在做风险调研工作时，企业必须从宏观和微观两个角度对投资项目的商业情况、资源情况、投资环境的限制条件以及投资项目的自身条件进行全面调查，并对投资过程进行合理的可行性研究。在调研过程中，必须注意控制投资全程的风险点。如果投资项目不在本地，企业还要进一步调查目标项目所处城市市场经济情况、供求状况以及投资项目对当地环境可能造成的影响。如果能够在了解当地经济优惠政策的前提下达成与项目当地政府部门的联动与协作，将会大大降低突发事件对企业本身的影响，减少潜在风险。

2. 降低筹资风险，拓宽筹资渠道

企业还应该在进行投资方向选择的时候注意管控资金筹集的风险。降低企业的筹资成本，让资金筹集效率和运营资金的周转速度提高，有利于提升企业利益。企业还可以向外寻求合作，与有实力的战略投资者一起合作经营。这样不仅可以分解转移项目的投资风险，还可以有效利用合作企业的当地资源，使某些项目的发展门槛降低，从而提高投资项目的成功率。

3. 建立科学的项目投资管理责任制

企业可以通过科学的投资审批决策机制，加强对投资环节的把控，以提高项目投资的成功率。建立项目投资管理责任制，企业不仅要设立投资项目承包单位法人责任制，要求承包单位法人对投资项目运营过程中的所有责任问题全权负责，还要设立风险管理抵押金制度，让其他参与投资项目的人员缴纳一定比例的项目抵押金，这种风险和利益共享的责任管理体系可以有效提高项目参与人员的责任意识，使项目运营的质量更高。

4. 建立科学的风险管控策略

企业可以通过建立投资风险管控小组来评估投资项目的潜

在风险,根据评估结果设立相应的项目风险应急预案,以便在遭遇风险时将损失有效控制在企业可承受范围内。企业还可以通过对投资项目参保等方式,将可能承受的投资风险转嫁给别人,有效分散经营风险。

5. 实时关注国家政策

国家政策对经济形势有着直接影响,企业在选择投资方向的时候,必须实时关注国家政策的变化。有时国家对于某些行业会有优惠鼓励政策,企业利用政策优惠可以大大提高投资项目的可行性。

6. 重视项目后评价

所谓项目后评价,就是指企业在确定投资方向后,应对投资项目的前期准备、实施运行和完工结算的全过程进行系统全面的分析和总结。项目后评价可以通过分析和总结项目投资的经验教训,提升未来投资的服务管理质量和决策质量,以实现企业投资管理水平的不断进步。